Ingo Sielaff

Wir
vom Jahrgang
1960
Kindheit und Jugend

Impressum

Bildnachweis:

Titel: Uwe Gernth, Wennigsen: oben; Ullstein-Kasperski: unten; Irene Butteron, Buseck: hinten

Gabriele Klinger, Felsberg: S. 5; Ursula Schäfer, Wetzlar: S. 6; Martina Gottschau, Bern: S. 6o, 16 u, 17; Ingo Sielaff, Züschen: S. 7o; Frank Löwer, Borken (Hessen): S. 7u, 19, 32, 35; Amelie Buwen, Riegelsberg: S. 8u; Waltraud Müller, Lich: S. 8o; Irene Butteron, Buseck: S. 10o; Uwe Hammerstein, Bad Homburg: S. 10u, 18, 62; Dieter K Tscheulin, Lörrach: S. 11; Irmgard Voss, Sinn: S. 12; Werner Gottschau, Hamburg: S. 13, 61; Stadtarchiv Wolfsburg (Fotograf Willi Luther): S. 14, 27o, 28; Uwe Gernth, Wennigsen: S. 15,23; Patrick Weber, Bexbach: S. 16o; Alfred Brenner Herborn: S. 20; Archiv Wolfgang Lammel: S. 22; Asta Stolze, Adendorf: S. 24; ullstein bild-Oscar Poss: S. 25, 40; Günter Drexler, Linden: S. 26; Karin Reitz, Grünberg: S. 27u; Hans-Joachim Weyda, Gummersbach: S. 29, 44; Archiv Klaus Meyer-Ude: S. 30, 36; Hildegard Nier, Hungen: S. 31; ullstein bild-ullstein bild: S. 33, 48, 60; Gudrun Hoffmann, Linden: S. 34o; ullstein bild-Arnim Riedel: S. 34u; Archiv Bettina Deuter: S. 37, 41u, 53, 56o, 58; ullstein bild-Rogge: S. 38; ullstein bild-Werner Otto: S. 41o, 43, 50; ullstein bild-Heritage Images/Land of lost content: S. 45; ullstein bild-COLORVISION: S. 46; ullstein bild-Calle Hesslefor: S. 47; R. Reichelt, IZS Wolfsburg: S. 48; ullstein bild-Kasperski: S. 51; Norbert Schmidt, Wettenberg: S. 56u; ullstein bild-dpa: S. 59, 33; ullstein bild-Rudolf Dietrich: S. 60

Wir danken allen Lizenzträgern für die freundliche Abdruckgenehmigung.
In Fällen, in denen es nicht gelang, Rechtsinhaber an Abbildungen zu ermitteln, bleiben Honoraransprüche gewahrt.

16. Auflage 2024
Alle Rechte vorbehalten, auch die des auszugsweisen
Nachdrucks und der fotomechanischen Wiedergabe.
Gestaltung und Satz: r2 | Ravenstein, Verden
Druck: Druck- und Verlagshaus Thiele & Schwarz GmbH, Kassel
Buchbinderische Verarbeitung: Buchbinderei S. R. Büge, Celle
© Wartberg-Verlag GmbH
34281 Gudensberg-Gleichen • Im Wiesental 1
Telefon: 056 03/9 30 50 • www.wartberg-verlag.de
ISBN: 978-3-8313-3060-7

Liebe 60er!

Das Jahr 1960 hat nicht nur spritzige, bukettreiche Weine, sondern auch einen kernigen Jahrgang neuer Erdenbürger hervorgebracht. In der Bundesrepublik Deutschland erblickten in diesem Jahr 968 629 Neugeborene das Licht der Welt. Der Jahrgang 1960 war geburtenstark, lautstark und willensstark. Eingebettet in eine Zeit stetigen Wirtschaftswachstums und wohlbehütet im Wohlstandsstaat bildeten wir Neugeborene den plärrenden Bestandteil des Babybooms.

Wir wuchsen in einer Zeit festgefügter Werte auf. Alles hatte seinen Platz. Unsere Mutter war die Hausfrau am Herd, unser Vater kam am Abend von der Arbeit und brachte am Monatsende seine Lohntüte nach Hause. Der Bundeskanzler hieß seit 1949 Konrad Adenauer, der Bundespräsident seit 1959 Heinrich Lübke. In Amerika wurde der sympathische John F. Kennedy zum Präsidenten gewählt. Im „Ostblock" repräsentierte der oft verschlossen wirkende Nikita Chruschtschow den Sozialismus der UdSSR. Bei den Ruderregatten siegte der legendäre Deutschland-Achter, beim Eiskunstlaufen das Traumpaar Marika Kilius und Hans-Jürgen Bäumler. Muhammad Ali, der damals noch Cassius Clay hieß, gewann 1960 bei den Olympischen Spielen in Rom die Goldmedaille und stand – wie wir – am Anfang seiner Karriere.

Aus den Radiolautsprechern ertönte die heile deutsche Schlagerwelt. Die ersten Urlaubsreisen führten an die Nord- und Ostsee oder in das benachbarte Ausland. Rock, Pop, Beat, Flower Power, lange Haare, hautenge Jeans, coole Sprüche markierten unsere Welt als Schüler und Jugendliche. Wir waren einfallsreich, wenn es darum ging, die Eltern und Lehrer zu nerven. Doch der Ernst des Lebens holte uns schnell wieder ein. Das knappe Angebot an Lehr- und Ausbildungsplätzen – Stichwort: geburtenstarke Jahrgänge – sorgte dafür, dass sich unsere jugendlichen Eskapaden in Grenzen hielten.

Dieses Buch beschreibt die Erlebnisse derjenigen, die im Jahr 1960 geboren wurden, stellt die Lebensabschnitte ihrer Kindheit und Jugend in den historischen Kontext und schildert, welche Ereignisse und Entwicklungen die „Kinder der Zeit" prägten.

Ingo Sielaff

Ingo Sielaff

Vom Baby zum Kleinkind

„Hallo Welt, ich bin da"

Im Jahr 1960 überschritt die Zahl der Weltbevölkerung erstmals die Grenze von drei Milliarden Menschen. Unser Jahrgang trug entscheidend zu dieser Entwicklung bei.

Auch in anderer Hinsicht gab es Rekordverdächtiges: Im Januar herrschte in Europa klirrende Kälte. Der Ort La Brevine im Schweizer Jura meldete minus 30 Grad Celsius. In Deutschland wurden minus 25 Grad gemessen.

Auf der anderen Seite der Erdhalbkugel erreichte Jacques Piccard mit seinem Tiefseeboot „Trieste" im Pazifischen Ozean die Rekordtiefe von über 10 900 Metern unter dem Meeresspiegel.

Das Jahr 1960 begann also gleich mit einigen richtigen Krachern. Die Sensation im Familienkreis war in diesem Jahr ohne Zweifel die Geburt unserer

Chronik

August/September 1960
Bei den Olympischen Spielen in Rom gewinnt die deutsche Mannschaft insgesamt 12 Gold-, 19 Silber- und 11 Bronzemedaillen. Zu den Olympiasiegern zählen der Springreiter Hans-Günther Winkler, der Weltklassesprinter Armin Hary und der legendäre „Deutschlandachter" im Rudern.

8. November 1960
John F. Kennedy wird zum Präsidenten der USA gewählt. Im gleichen Monat proklamiert die SPD auf ihrem Parteitag in Hannover den Berliner Bürgermeister Willy Brandt zu ihrem Kanzlerkandidaten.

12. April 1961
Der russische Kosmonaut Juri Gagarin umrundet als erster Mensch im Weltraum am 12. April 1961 in seinem Raumschiff Wostok I die Erde.

April 1961
Eine von Exilkubanern im April 1961 durchgeführte und von den USA unterstützte Invasion in der Schweinebucht in Kuba scheitert nach wenigen Tagen.

13. August 1961
In der Nacht vom 12. auf den 13. August 1961 beginnt die DDR mit dem Bau der Berliner Mauer, die fortan West- und Ostberlin trennt. In der Folgezeit wird auch die Grenze zwischen Ost- und Westdeutschland hermetisch abgeriegelt. Der „Eiserne Vorhang" teilt Europa.

16./17. Februar 1962
In der Hansestadt Hamburg und an der deutschen Nordseeküste fordert eine schwere Flutkatastrophe mehr als 300 Todesopfer.

Oktober 1962
Zwischen der UdSSR und den USA herrschte „Kalter Krieg". Die Stationierung von sowjetischen Mittelstreckenraketen auf Kuba – und der USA in der Türkei – führt zur sogenannten Kubakrise, die die Welt an den Rand eines Atomkrieges bringt.

Am 10. Dezember 1962
erhalten die Briten Francois H. Compton Crick und Maurice F. Wilkins sowie der US-Amerikaner James D. Watson den Medizin-Nobelpreis für ihre bahnbrechenden Forschungen zur Struktur der Desoxyribonukleinsäure (DNS).

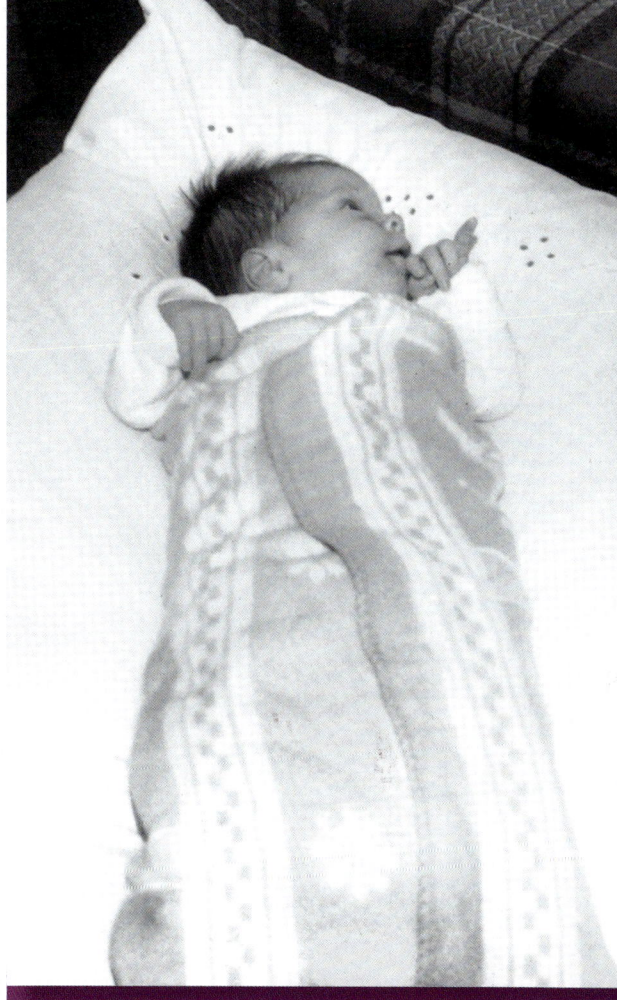

Neuer Erdenbürger, Jahrgang 1960.

Jahrgangsvertreter – ein Vorgang, der sich 968 629-mal in der Bundesrepublik Deutschland und 292 985-mal in der Deutschen Demokratischen Republik abspielte. Mit diesen Zahlen reihten wir „1960er" uns in die Reihe der „Babyboom-Jahrgänge" ein – wir waren geburtenstark!

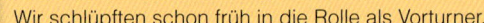
Wir schlüpften schon früh in die Rolle als Vorturner.

Und sonst?

Geteilt durch den „Eisernen Vorhang" bekamen wir von dem jeweili-
gen anderen Deutschland nicht viel
mit. 1960 herrschte zwischen den
beiden damaligen Weltmächten, den
Vereinigten Staaten von Amerika
(USA) und der Union der Sozialistischen Sowjetrepubliken (UdSSR),
„Kalter Krieg". Deutschland, insbesondere Berlin, war einer der Front-
staaten in dieser globalen Auseinan-
dersetzung.

In der Bundesrepublik Deutschland
lebten im Jahr 1960 etwa 55,4 Millionen Menschen. Bei einer Arbeitslosen-
quote von 1,9 % herrschte Vollbeschäftigung. Der Ruf nach
„Gastarbeitern" wurde immer lauter.
In den USA gab es einen Regie-
rungswechsel: Der 43 Jahre junge
John F. Kennedy wurde am 8. November 1960 zum neuen Präsidenten
gewählt und trat wenige Monate später
sein Amt an.

Fesch gekleidet: Mit dem Puppenwagen unterwegs.

Löffelkatapult

Unsere Krabbeltouren waren erste
Entdeckungsreisen. Sie führten uns in
fremde Welten unter Nierentische, vorbei an furnierten Möbeln, hin zu Emaille-
schüsseln und Blumentöpfen, auf denen man herrlich trommeln konnte. Wir
liebten, was Krach machte, steckten alles in den Mund, was unsere Eltern nicht
rechtzeitig in Sicherheit bringen konnten und glucksten vor Vergnügen, wenn
Griesbrei, gemuste Banane oder Alete-Kindernahrung aufgetischt wurden –
Munition für unser Löffelkatapult.

Der schönste Spielplatz war in der Küche. Es war herrlich, Schüsseln und
Töpfe aus den Schränken herauszunehmen, aufzustapeln und den Turm
dann mit lautem Poltern in sich zusammenfallen zu lassen. Noch mehr Spaß
bereitete es, Dosen und Flaschen mit Scheuerpulver, Geschirrspülmittel,
Pfannenrein und WC-Reiniger auf dem Fußboden – noch besser: auf dem
Teppich – auszukippen, zu verrühren und die neue Mixtur dann zu probie-
ren. Mama stand immer das „P" wie Panik im Gesicht, wenn sie den Zitrus-
reiniger aus unseren schäumenden Mundwinkeln abwusch. Aber ehrlich
gesagt: die Ata-Scheuermilch hatte besser geschmeckt.

Wir führten im viel zu großen
Strampelanzug elegante Kunststück-
chen auf, krabbelten herum und
warteten exakt jenen kurzen, unbeobachteten Moment ab, um irgendetwas
umzuwerfen, zu verschlucken oder
am Lautstärkeregler des Radios zu
drehen. War uns wieder ein Coup
gelungen, quietschten wir vor Vergnügen, klatschten in die Hände und
niemand konnte uns böse sein.

Unser erster eigener fahrbarer Untersatz.

1. bis 3. Lebensjahr

Wir waren Babys aus dem Bilderbuch

Natürlich gab es auch Dinge, die wir nicht mochten. Das ekelhafte Laufgitter, das sich partout nicht verrücken lassen wollte. Wir hassten es, wenn Passanten in unseren Kinderwagen lugten, um ein aufmunterndes „Hei-tei-tei" hereinzuru-fen. In diesen Momenten bissen wir so fest wir konnten auf die nicht vorhande-nen Zähne oder taten so, als ob wir schliefen. Wir schnappten jedes Wort von Vater und Mutter auf und merkten uns seine Bedeutung. Dabei war am schwie-rigsten, die Bedeutung solcher vermeintlich einfachen Begriffe wie „ich", „du" und „wir" zu erlernen. Beim Bäuerchenmachen gaben wir uns größte Mühe, immer neben das Lätzchen auf die Bluse zu treffen. Kurzum: Wir waren Babys aus dem Bilderbuch.

Ab und zu kam es vor, dass die Eltern einen Kinderwagenausflug mit uns unternahmen. Ausgestattet mit dem untrüglichen Gefühl, immer genau an dem am weitesten von zu Hause entfernten Ort urplötzlich Hunger zu bekommen oder die Windel über die Maßen voll zu machen, bereitete es uns ein besonde-res Vergnügen, unsere Eltern mit aufmunterndem Gebrüll derart anzufeuern, dass der Rückweg um ein Drittel schneller zurückgelegt wurde als der Hinweg.

Ausflug im Kinderwagen.

Top-moderner Kinderwagen, 1961.

„Schlaf jetzt endlich"

Lustig war es, wenn wir uns in den Momenten zu Wort zu meldeten, in denen der Pastor in der Kirche um Stille für das Gebet gebeten hatte, in denen der Kinderarzt einen untersuchen wollte oder in denen – nachdem man anderthalb Stunden friedlich geschlafen hatte – die spannendste Szene des Kinofilms lief und Mutter mit uns zum Stillen aus dem Vorführraum hinausstürzte. Logisch, dass sie das Filmende verpasste.

Das Schlafen war eine Geschichte für sich. An der Art, wie Mutter uns in den Schlaf singen wollte, spürten wir genau, ob gleich ihre Freundin zu einer Tasse Kaffee vorbeikommen oder ob sie – ohne uns als Ballast – die Hauswoche machen wollte. Ihr Wunsch „Schlaf jetzt, ich kann dich nicht gebrauchen" war geradezu körperlich zu spüren. War es also unsere Schuld, dass wir putzmunter blieben?

1. bis 3. Lebensjahr

Einen einzigen Vorteil hatte das Laufgitter: Man konnte sich mit den Händen aufrecht nach oben ziehen und lernte so relativ schnell zu stehen. Von dem Stehen über das Stolpern, Umfallen, Wiederhochziehen und Weiterstolpern war es nur ein winziger Schritt zum Gehenlernen. Allerdings brauchten wir ein paar Monate, diese Abfolge zu begreifen. Nichtsdestotrotz schafften wir es. Fortan war in der Wohnung nichts mehr sicher vor uns: Wir rannten auf Balkone, über Tische und Bänke, flitzten pfeilschnell über gebohnerte Dielen und rutschten auf Socken über blanke Fliesen. Es war erstaunlich, wo man sich seinen Kopf überall stoßen, wo man seine Finger einklemmen und wo man der Länge nach hinfallen konnte. Blaue Flecken, Schürfwunden, Blessuren – wir lernten eben mit Köpfchen und ganzkörperbetont.

„Teddybär, Teddybär, dreh dich um"

Er war braun und kuschelig, aus dem dichten Fell lugten dunkle Knopfaugen. Beugte man ihn vornüber, brummte er in tiefem Ton.
Mein Teddybär war das erste „Lebewesen", für das ich allein verantwortlich war. Ich liebte ihn über alles. Ich setzte ihn in den Puppenwagen und zeigte ihm die Welt. Ich teilte meine Süßigkeiten mit ihm. Wir sangen gemeinsam Kinderlieder und sprangen tanzend herum „Teddybär, Teddybär, dreh dich um". Jede Nacht gingen wir gemeinsam ins Bett. Ich beschützte ihn und er mich.

Wir waren ein unzertrennliches Paar.

Der Schein trügt! Wir hatten es faustdick hinter den Ohren.

Zu Besuch

Besuchten unsere Eltern Freunde und Bekannte, hielten wir uns zunächst diskret im Hintergrund. Schüchtern an Muttis Hosenbein gekrallt, das Gesicht in den Schoß gepresst, erweckten wir bei den Gastgebern den Eindruck eines braven, wohlerzogenen Kleinkindes. Ein hinterhältiges Täuschungsmanöver, denn hinter der Maske vermeintlicher Artigkeit peilten wir kaltblütig die Umgebung: Wo standen verrückbare Gegenstände? Wo konnte man etwas ausfressen? Gab es etwas zum Auskippen, Verschmieren, Bemalen, Bekritzeln?

Wir nutzten den unbeobachteten Moment eiskalt aus. Gießkannen, Dekordeckchen auf schmuckvollen Nussholztischen, Porzellanfiguren und fabrikneue Musikanlagen – nichts war vor uns sicher. Dermaßen ermuntert, suchten wir mit unfehlbarem Instinkt in den unteren Schubladen nach den von uns besonders geschätzten Spielmaterialien und wurden fündig. Mit den aufgestöberten Gegenständen – schwarzer Schuhcreme, Badewasserzusätzen, Scheren und Kosmetika – wurde es ein unvergesslicher Nachmittag – zumindest für unsere Gastgeber.

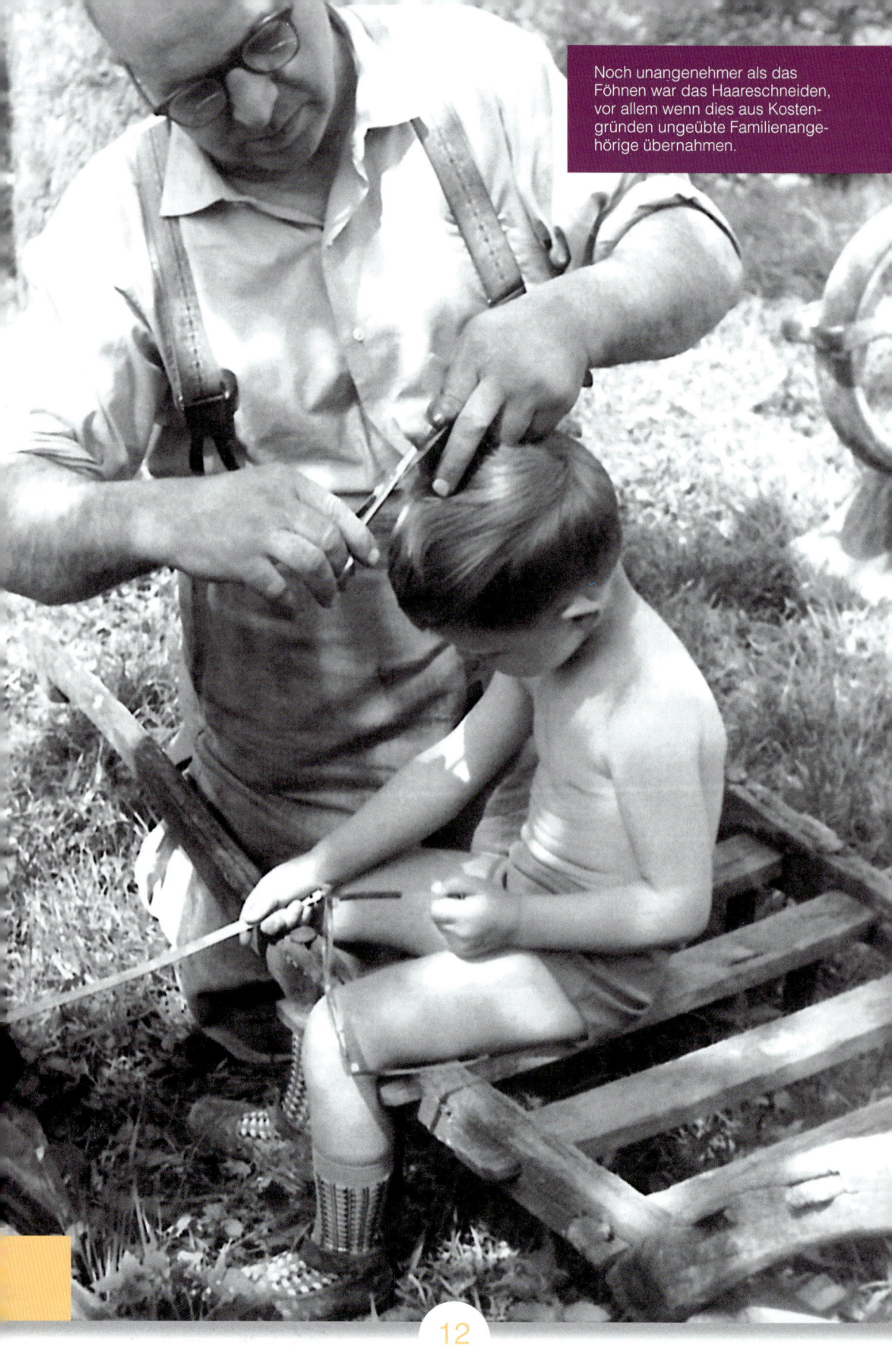

Noch unangenehmer als das Föhnen war das Haareschneiden, vor allem wenn dies aus Kostengründen ungeübte Familienangehörige übernahmen.

„Stille Wasser sind tief", war noch ein harmloser Kommentar, wenn wir auf frischer Tat ertappt wurden, weil wir die kunstvoll ausgerissene Orchidee wie eine Trophäe in der Hand hielten oder dem im Aquarium versenkten Schlüsselbund versonnen nachblickten. Meist schlug Mutter die Hände über dem Kopf zusammen und Vater verschluckte sich am Kaffee. Unsere Eltern lernten erst mit der Zeit, dass höchste Aufmerksamkeit geboten war, wenn wir mucksmäuschenstill im fremden Nachbarzimmer spielten. Auch die Gastgeber versuchten bei weiteren Besuchen – so unsere Untat das freundschaftliche Verhältnis nicht vollständig zerrüttet hatte – alles aus unserer Reichweite fernzuhalten.

Wenn Besuch zu uns nach Hause kam, verteidigten wir unser Revier mit Klauen und Milchzähnen. Wir wussten, dass jedes Quantum Aufmerksamkeit, das unsere Eltern dem Eindringling schenkten, uns verloren ging. Und so mühten wir uns nach Leibeskräften, stets selbst im Mittelpunkt zu stehen. Wir schleppten die geräuschintensivsten Spielzeuge aus unserem Kinderzimmer an, plärrten dreimal häufiger und doppelt so laut als üblich, täuschten Krankheitsbilder vor oder stritten uns ständig mit unseren Geschwistern, kurzum: Wir benahmen uns so lange unmöglich, bis der Besuch genervt die Segel strich, sich mit einem fadenscheinigen „Ihr habt aber lebhafte Kinder" verabschiedete und ein konsterniertes Elternpaar zurückließ.

Wie in den 50ern, so sahen unsere Wohnzimmer oft noch aus.

1963-1965

Eine neue Welt der Kindergarten

Ausflug mit dem Kindergarten.

Von kleinen Kindern und großen Erlebnissen

Der erste Tag war schrecklich. Ich weiß noch genau, wie ich mutterseelenallein dastand, als mich meine Mutter zurückließ. Verlassen – selbstverloren – inmitten fremder Kinder, unfreundlicher Erzieherinnen, ramponierter Holzmöbel und schmuckloser Räume. Nur die Ledertasche mit dem Frühstück – Apfelspältchen

Chronik

8. August 1963
Im August sorgen die englischen Posträuber für Schlagzeilen. Bei ihrem präzise und generalstabsmäßig geplanten Überfall auf den Zug Glasgow–London erbeuten sie umgerechnet etwa 30 Millionen DM.

15. Oktober 1963
Bundeskanzler Konrad Adenauer tritt im Oktober 1963 von seinem Amt zurück. Nachfolger wird der bisherige Vizekanzler und Bundeswirtschaftsminister Ludwig Erhard.

22. November 1963
Dallas, Texas. Auf einer Fahrt im offenen Cabriolet fällt US-Präsident John F. Kennedy einem Attentat zum Opfer. Der Tatverdächtige, Lee Harvey Oswald, wird ebenfalls erschossen – von dem Nachtklubbesitzer Jack Ruby –, sodass die Umstände des Verbrechens nicht in allen Einzelheiten geklärt werden können.

September 1964
In der Bundesrepublik Deutschland erreicht die Zahl der Arbeitslosen mit 102 800 im September 1964 einen neuen Tiefstand. Zu diesem Zeitpunkt sind 680 000 offene Stellen gemeldet und bereits eine Million „Gastarbeiter" im „Wirtschaftswunderland" tätig.

10. Dezember 1964
„I have a dream" – Der Pfarrer und Bürgerrechtler Martin Luther King wird für seinen gewaltlosen Einsatz zur Gleichstellung von Schwarzen in den USA mit dem Friedensnobelpreis ausgezeichnet. Jean-Paul Sartre, französischer Philosoph, Schriftsteller und Begründer des Existenzialismus, erhält den Literatur-Nobelpreis, lehnt jedoch die Annahme aus persönlichen und politischen Gründen ab.

19. August 1965
Im August 1965 endet der „Auschwitz-Prozess", der die nationalsozialistischen Massenmorde an den Juden im Zweiten Weltkrieg juristisch aufarbeitet. Siebzehn ehemalige Angehörige der nationalsozialistischen Schutzstaffeln (SS) werden aufgrund der von ihnen begangenen unmenschlichen Verbrechen zu Haftstrafen verurteilt.

19. September 1965
Bundestagswahlen in der Bundesrepublik Deutschland:
CDU/CSU 47,6% (245 Mandate),
SPD 39,3%
(202), FDP 9,5% (49);
West-Berliner Abgeordnete:
15 SPD, 6 CDU, 1 FDP.

Die meisten von uns liebten den Kindergarten.

und ein Butterbrot – und mein kleines Plüschtier waren mir geblieben.

Ich krallte meine Finger fest in die Tasche und ließ meinen Tränen freien Lauf. Doch es dauerte nicht lange, bis die Bestechungsversuche der Kindergärtnerinnen Erfolg hatten. Es gab hier nämlich eine Menge Spielsachen, die ich noch nicht kannte: Modellautos, bunte Bausteine und Backförmchen für die Sandkiste. Und so unfreundlich waren die Erzieherinnen eigentlich doch nicht.

Wir malten viel, sangen Lieder, sprangen mit Gummistiefeln mitten in Pfützen hinein und sammelten Regenwürmer auf. Wenn einer von uns krank wurde, bekamen die anderen dieselbe Krankheit meist kurze Zeit später: Windpocken, Ziegenpeter oder Masern. Manchmal kam das Kindertheater in den Kindergarten – war das eine Gaudi, wenn der Kasperl das Krokodil verdrosch.

Schnittiges, mit Pedal und Muskelkraft angetriebenes Cabriolet.

Wir erkunden neue Welten

Wir erkundeten neue Welten: den Vorgarten mit allerlei Insekten, den nahe gelegenen Bach und den Wald drum herum. Mutter freute sich allerdings nicht so sehr über die eigenhändig gefangenen Krabbeltiere und Kaulquappen, die wir ihr voller Stolz mitbrachten.

Im nachbarlichen Entenstall.

Auch die Geschäfte in der näheren Umgebung, zu denen uns Mutter zum Einkaufen mitnahm, kannten wir mittlerweile fast alle: den Bäcker, bei dem es immer eine Kleinigkeit zu naschen gab, den Kaufmann um die Ecke, den Friseur, der so viel erzählte und deshalb in den Haaren ziepte, die Metzgerei und den Kiosk, wo uns Vater ab und zu ein Eis spendierte.

Wir trieben uns dauernd draußen herum. Auf dem Bolzplatz grünte neuer Rasen – doch in dem von unseren Dribblings und tollen Hechtparaden kahl gewordenen Fünf-Meter-Torraum hatte kein Grashalm der Welt eine Chance zu gedeihen.

Im Sommer stand all das hoch im Kurs, was mit Wasser in Verbindung stand: Wir wateten durch Bachläufe, ließen unsere selbst gebastelten Schiffe über den See treiben und gingen häufig mit Mutter und Geschwistern ins Schwimmbad. Am Wochenende fuhren wir an den Badesee vor den Toren der Stadt oder machten einen Ausflug in den Zoo. Im Kühlschrank zu Hause kreierten wir neue Eissorten: Brauselimo mit Früchten, Kondensmilch mit Zucker, zermatschte Erdbeeren im Schlagsahnemantel, Sirup mit Erdnüssen – unser Erfindungsreichtum zeigte sich schon in frühen Jahren.

Der Herbst war unsere Lieblingsjahreszeit. Der Wald roch so gut, wenn Nebelschwaden durch die verfärbten Blätter und bemoosten Baumstämme waberten. Außerdem konnte man Beeren, Nüsse, Bucheckern, Kastanien, Eicheln und Pilze sammeln, sodass auch Vater mit uns am Wochenende durch das Gebüsch streifte. Bei solchen Ausflügen standen wir freiwillig früh auf. Abends wurde ein Lagerfeuer angezündet und wir aßen gemeinsam Kartoffeln oder Stockbrote, die wir in die Glut halten durften.

Im Sandkasten

Eimer, Schaufel, eine Harke, Backförmchen – das war die Grundausstattung, wenn es in den Sandkasten ging. Hier trafen sich alle Kinder aus der Nachbarschaft. Wir buddelten gemeinsam, gruben die halbe Sandkiste um, buken die schönsten Kuchen, die wir mit Blümchen und Gras verzierten. Während wir wie die Bauarbeiter schufteten, saßen die Mütter wie an einer Perlenschnur aufgereiht auf einer Bank im Schatten und unterhielten sich. Wir bauten riesige Sandburgen und türmten Sandgebirge auf. Am lustigsten war es, sich gegenseitig einzubuddeln – nur der Kopf guckte heraus. Und Mama freute sich auf viel Wäsche.

Winter 1965: Schneereichtum ließ die Kinderherzen höherschlagen.

Rote Wangen und Schneeballschlachten

Im Winter rannten wir mit roten Wangen in der Kälte herum, bauten Schneemänner und Iglus, warfen Schneebälle auf jedermann und schlitterten über Eisflächen und Rutschbahnen. Es kam selten vor, dass der See am Ortsrand zugefroren war – aber wenn dies der Fall war, trieben sich die Kinder aus der ganzen Stadt auf ihm herum: Wir spielten mit gebogenen Ästen Eishockey, schleppten Wassereimer herbei, um mit dem schnell gefrierenden Nass „perfekte" Rutschbahnen herzustellen und beneideten die wenigen von uns, die über eigene Schlittschuhe verfügten.

Wer glaubte, dass Rodeln ein Individualsport sei, belehrten wir eines Besseren. Es bereitete einen Heidenspaß, im Schlittenkonvoi den Abhang hinunterzufahren. Wir bildeten Schlittenschlangen, indem sich jeder bäuchlings auf den Schlitten legte, den vor sich befindlichen Schlitten festhielt und diesen mit beiden Händen lenkte. Natürlich landete die ganze Schlittenschlange auf der Mitte der Abfahrt mit Karacho im Schnee, aber gerade das war ja das Lustige.

Ausflüge mit dem Kindergarten

Im zweiten und dritten Kindergartenjahr zählten wir bereits zum „alten Eisen". Wir wussten, wie der Hase lief und wickelten die Erzieherinnen mit unserem pausbäckigen Charme um den kleinen Finger. Jetzt unternahmen wir kleinere Ausflüge mit unserer Bären- oder Igelgruppe und besuchten die städtische Feuerwehrstation, das Wildgehege oder einen Bauernhof mit Tieren. Zu Hause spielten wir das Erlebte dann mit unserem Spielzeugbauernhof nach – dabei durften die exotischen Tierfiguren wie Nashorn oder Elefant natürlich mitspielen.

Winterfreuden im Schnee.

Wenn nach den Sommerferien die neuen Kinder in den Kindergarten kamen, durften wir ihnen alles zeigen und erklären. Sie sahen uns dann immer mit großen Augen an. Das gefiel uns natürlich, und wir legten uns noch mehr ins Zeug. Nur unsere Lieblingsspielzeuge zeigten wir ihnen nicht; schließlich wollten wir damit allein spielen. Dafür, dass manche von den „Neuen" ihre Mutter herbeiweinen wollten, hatten wir überhaupt kein Verständnis. Solche Weicheier und Muttersöhnchen, tuschelten wir „Großen" uns untereinander zu und übertrafen uns in unseren Schilderungen, wie tapfer wir doch seinerzeit gewesen waren.

Kleine Kinder –
kleine Kettcars,
große Kinder –
große Kettcars

Wir sind schon fast groß!

Die letzten Monate der Kindergartenzeit gefielen mir am besten. Wir waren jetzt schon die „Schulkinder". Wir ließen die Jüngeren beim Mensch-Ärger-Dich-nicht-Spiel gewinnen, verzichteten aufs Mogeln und versehentliches Figurenumwerfen – eine Erfahrung, die uns im späteren Leben noch sehr von Nutzen sein sollte.

In Gesprächen schnappten wir jede Information auf, die uns das Thema Schule näherbrachte.

Der neue Lebensabschnitt kündigte sich schon lange vor dem Einschulungstag an. Vater und Mutter redeten uns Mut zu, wiesen uns in den Geschäften auf Schuletuis, Lineale und Radiergummis hin, steckten uns ab und zu ein Fünf-Mark-Stück in das Sparschwein mit dem Hinweis: „Jetzt müssen wir aber bald deinen Schulranzen kaufen gehen." Tatsächlich nahm uns Mutter eines Nachmittages an die Hand und wir fuhren zu einem Schreibwarengeschäft, wo wir uns den Ranzen selber aussuchen durften. Anschließend trugen wir ihn voller Stolz nach Hause. Wir waren bereit – die Schule konnte kommen.

Wir waren vielseitig und begannen im Alter von fünf Jahren allerlei Fragen zu stellen. Warum scheint die Sonne? Wie wächst das Gras? Wo wohnt der Weihnachtsmann? Wo kommen die kleinen Kinder her? Warum haben Bienen Flügel? Zunächst gaben sich die Befragten noch Mühe, die Fragen ausführlich zu beantworten. Doch aufgrund unserer nachbohrenden Fragetechnik schwand der Wahrheitsgehalt der Antworten zusehends. Wir erfuhren, dass die kleinen Kinder durch den Klapperstorch gebracht wurden, der Weihnachtsmann im hohen Norden wohnte, die Bienen Flügel hätten, weil sie ja sonst nicht fliegen könnten und die Sonne brenne, damit wir im Sommer schön braun würden.

Der tiefe philosophische Sinn unserer Fragen blieb somit meist verborgen. Heute – als selbst Erziehungsberechtigte – ertappen wir uns, wie wir, gestresst vom Arbeitsalltag oder Haushalt, unseren Kindern oder Enkeln ähnliche Geschichten auftischen.

Kindermund

- *Berufswunsch: Ich werde Rentner wie mein Opa.*
- *Lebenserwartung: Omas halten heute länger.*
- *Erwachsenwerden: Erwachsen ist man ungefähr mit hundert.*

- *Schwester: Eine Schwester ist, wenn man ein Mädchen als Bruder bekommt.*
- *Väter: Wenn wir den Papa nicht hätten, müssten wir alle Essensreste wegschmeißen.*
- *Tierisch: Manche Pferde sind verschimmelt.*

Schulzeit
erster Klasse

Der erste Schultag: Wir freuten
uns und hatten auch Angst.

Aus dem Alltag und Leben
eines ABC-Schützen

In den Jahren 1966/1967 begann der
Ernst des Lebens für uns – die
Schulzeit. Deutsch-, Mathematik-,
Kunst- und allerlei andere Grund-
schullehrer gaben sich alle Mühe, uns
Schülern immer neue Unterrichtsin-
halte zu vermitteln. Wir lernten Lesen,
Schreiben, Rechnen. Bald hatten wir
den Bogen heraus, uns im richtigen

Chronik

27. Oktober/1. Dezember 1966
Im Herbst 1966 bricht die von Bundeskanzler Ludwig Erhard geführte CDU/CSU-Regierungskoalition mit der FDP auseinander. Daraufhin bilden die Volksparteien, die CDU/CSU und die SPD, eine „Große Koalition" unter Kurt Georg Kiesinger als neuem Bundeskanzler und Willy Brandt als Vizekanzler.

5.–10. Juni 1967
Im Juni 1967 bricht zwischen Israel und den arabischen Nachbarstaaten der sogenannte „Sechs-Tage-Krieg" aus, der zu erheblichen territorialen Gewinnen Israels führt. Die Israelis besetzen Westjordanien, Ost-Jerusalem, den Gazastreifen, die Sinai-Halbinsel sowie die Golanhöhen.

11. April 1968
Auf den Studentenführer Rudolf Dutschke wird am 11. April 1968 ein Attentat verübt. Der Führer des Sozialistischen Deutschen Studentenbundes erleidet schwere Verletzungen. Es kommt zu Ausschreitungen, Krawallen und Straßenschlachten.

20. August 1968
Am 20. August 1968 marschieren Truppen des Warschauer Paktes in Prag und in die Tschechoslowakei ein. Der Einmarsch beendet die im Rahmen des „Prager Frühlings" eingeleiteten demokratischen Bestrebungen im deutschen Nachbarstaat abrupt. In den USA wird Richard Nixon zum neuen Präsidenten gewählt.

20. Juli 1969
„Meer der Ruhe". Am 20. Juli 1969 setzt US-Astronaut Neil Armstrong als erster Mensch seinen Fuß auf den Mond.

5. August 1969
Hippiezeit & Flower-Power: Am 5. August 1969 endet das legendäre Woodstock-Festival nach drei Tagen. Über 400 000 Menschen verfolgten die Auftritte von Jimi Hendrix, Janis Joplin, Joe Cocker sowie den Gruppen „The Who", „Jefferson Airplane" sowie „Crosby, Still, Nash and Young".

21. Oktober 1969
Im Oktober 1969 wählt der deutsche Bundestag mit Willy Brandt erstmals einen Sozialdemokraten als Regierungschef. Brandt steht einer SPD-/FDP-Koalition vor.

Manche Schultüte scheint größer zu sein als wir.

Moment zu melden – um anschließend wieder ungestört unseren eigenen Gedanken nachhängen zu können. Es gelang uns auch schnell, nachlassende Konzentration durch einen intelligenten Gesichtsausdruck zu überspielen.

Unsere Klasse war geradezu der Urtypus einer Grundschulklasse. Es gab strebsame Schülerinnen, die niemals ihre Hausaufgaben vergaßen, Überflieger, denen der Lehrstoff nur so zufloss und Faulenzer, die den Unmut der Lehrer auf sich zogen.

Und es gab Schüler wie uns: unscheinbar, normalbegabt und von der Evolution mit einem gesunden Widerwillen gegen Mengenlehre, Grammatikregeln und Vokabelpauken ausgestattet.

Mit unseren sechs, sieben Jahren hatten wir eigentlich bessere Dinge zu tun, als vormittags in der Schule herumzusitzen und den Ausführungen der Pädagogen zu folgen. Fußballspielen zum Beispiel. Wenn wir Jungens aus der Schule kamen, schlangen wir das Mittagessen hinunter, um schnellstmöglich zum Bolzplatz zu kommen, wo unsere Freunde schon auf uns warteten. Leider mussten zunächst die Hausaufgaben erledigt werden.

Mädchen beim Gummitwist.

Gummitwist und Völkerball

Die Mädchen aus unserer Klasse erledigten ihre Hausaufgaben vorbildlich. Nach der Schule nahmen sie den Gummitwist aus dem aufgeräumten Spielzeugschrank und hüpften mit ihren Freundinnen um die Wette. Zunächst nur um die Knöchel, dann um die Kniekehlen, die Oberschenkel und um die Hüfte gespannt, erhöhte sich der Schwierigkeitsgrad der absolvierten Sprungübungen.

Wir Jungen hatten für so ein Gehopse wenig übrig. Auch das bei den Mädchen überaus beliebte Reifenschwingen um die Hüften fand bei uns wenig Anklang. Einige Spiele spielten wir gemeinsam. Zum Beispiel, wenn die

Mädchen Grassuppe zubereiteten und wir Jungen als „Jäger und Sammler"
die Zutaten dafür besorgten: bunte Beeren, Federn, Baumrinde und Insekten-
kadaver. Beim Abschmecken knirschte es zwischen den Zähnen.

Ein zweites gemeinsames Spiel war Völker- bzw. Prellball. Die Jungen und
Mädchen bildeten zwei Mannschaften – gemixt, damit wir Jungen nicht immer
gewannen. Als Ballwerfer an der Außenlinie musste man die gegnerischen
Spieler, die ihr Spielfeld nicht verlassen durften, mit einem Ball abwerfen.
Geschickte Spieler fingen den geworfenen Ball im Innenfeld auf. Dann wech-
selte das Abwurfrecht und die Werfer wurden zu den Gejagten.

Einige Mädchen verschafften sich durch gute Wurf- und Abfangleistungen
eine gewisse Anerkennung in Jungenkreisen. Im Grunde genommen
beschränkten sich in jenem Lebensabschnitt die geschlechtsübergreifenden
Kontakte jedoch auf das Notwendigste. Mädchen waren eigentlich nur dazu
da, um vor der Schulstunde von ihren Hausaufgaben abzuschreiben. Beim
Fußballspielen, bei unseren Abenteuerausflügen und beim Herumtoben auf
dem Schulhof blieben sie stets außen vor.

Schrammen und Schnoddernasen

Wir brachten unsere Freunde einfach
so mit nach Hause, spielten Cowboy
und Indianer oder mit Puppen, Plastik-
geschirr und mit dem Kaufmannsladen. Grasflecken an den Hosen,
zerschlissene Ärmel vom Anschlei-
chen in Dornenhecken, Schnodderna-
sen und Schrammen vom Klettern und
Herumtoben – all das waren Begleiter-
scheinungen unserer Nachmittage.

Kleine Männer unter sich.

Zum Völkerballspielen trafen sich die Kinder aus der ganzen Straße. Es gab heiß umkämpfte Derbys zwischen dem Ober- und dem Unterdorf oder zwischen der Alten und der Neuen Straße. Wer nicht gut genug war, durfte nicht mitspielen und musste lernen, mit dieser Enttäuschung fertigzuwerden.

Beim Legospielen gab es nichts Vorgefertigtes, aber wir schafften es trotzdem, aus den Grundbausteinen unser Feuerwehrauto oder unser Piratenschiff zu bauen. Wir tuschten auf Papierblättern und Tapetenresten und rannten uns mindestens dreimal am Tag die Lunge aus dem Hals. Unser Spielzeug war noch nicht mit dem Prädikat „Pädagogisch wertvoll" versehen.

Jede Menge Spielkameraden

Wenn wir Mist gebaut hatten, gab's eins hinter die Löffel – aber wir wussten genau, wofür. War etwas kaputtgegangen, zog Papa uns den Schaden vom mickrigen Taschengeld ab. Wir lernten, dass falsches Handeln Konsequenzen hat. Andererseits: Wenn wir in der Schule eine „Zwei" geschrieben hatten, steckte uns die Mama heimlich eine Mark als Belohnung zu.

Wir liefen sofort zum Kaufmann und kauften so etwas Lebenswichtiges wie Schokolade oder Kaugummi. Selbstverständlich bekamen unsere Freunde die Hälfte ab. Wir lernten aus erster Hand. Freundschaft und Teilen, Freiheit und Verantwortung, Erfolg und Misserfolg – jeder neue Tag war eine neue Entdeckungsreise und eine neue Erfahrung.

Wir spielten draußen mit unseren Freunden, erkundeten Wälder, Wiesen und Bachläufe, machten uns im Matsch und Regenpfützen so richtig schmutzig. Wir spielten auf holprigen Bolzplätzen Fußball, trieben uns auf Baustellen herum, sammelten im Herbst Kastanien und Eicheln oder klauten Äpfel aus irgendwelchen Gärten. Wir aßen unsere Beute ungewaschen.

Über eines konnten wir uns nicht beklagen: Es gab immer genügend Spielkameraden. Vor allem in den vielen Neubausiedlungen lebten zahlreiche Familien mit Kindern in unserem Alter. Es brauchte nur einen Ball, um Dutzende Kinder zueinanderzubringen. Auch die Baumaterialien, die überall herumstanden, waren ein herrliches Spielzeug. Aus Holzbohlen bauten wir uns seetüchtige Piratenschiffe. Nur wenn die Bauarbeiter wieder einmal sauer auf uns waren, weil wir ihre leeren Bier- und Colaflaschen auf eigene Rechnung gegen zehn Pfennig Pfandgeld beim Kaufmann abgegeben hatten, mussten wir unsere Beine in die Hand nehmen. Wir stoben in alle Himmelsrichtungen davon.

Halsbrecherische Kunststücke auf dem Fahrrad.

Hingegen verwehrten die Mädchen uns den Einblick in ihre Puppenhäuser und – was schwerer wog – in ihre fantasievoll aus Decken, Kisten, Kartons und Stühlen errichteten „Buden". Hier spielten sie Haushaltsszenen nach, picknickten mit Teddys und Puppen oder schminkten sich mit Muttis Lippenstift. Für uns Jungen blieb der Zugang zu den Buden ausdrücklich untersagt – vor allem deshalb, weil wir aus unerfindlichen Gründen stets irgendeine Decke herunterrissen oder einen Stuhl umkippten und so die ganze Bude zum Einsturz brachten.

Zu Hause war immer etwas los. Der Gesprächsstoff ging nie aus und unsere Eltern hatten immer genug zu tun. Spielzeugkisten im Kinderzimmer auskippen – kein Problem; Legosteine in der Wohnung verteilen – eine unserer leichtesten Übungen; mit dreckigen Schuhen über frisch geputzte Fliesen laufen – erst recht kein Problem. Manchmal lief die neue Waschmaschine nur, um unsere bekleckerten T-Shirts, unsere grasfarbenen Hosen und unsere beschmierten Unterhemden zu säubern. Außer der Waschmaschine kamen immer mehr elektrische Geräte ins Haus – zum Beispiel ein Fernseher.

Unser neues Hobby: Fernsehen

Ab sofort durften wir fernsehen. Allerdings unterlag der Fernsehkonsum für uns Grundschüler starken Einschränkungen. Im Grunde genommen beschränkte er sich auf das abendliche Sandmännchen. Obwohl es in der Eigenwerbung

Gedenken an den verstorbenen Bundeskanzler Konrad Adenauer.

vielversprechend hieß, dass das neue Medium die Informationsvielfalt vergrößere, bekamen wir nur wenig vom Weltgeschehen mit. Wir wurden zu den Nachrichtensendungen immer ins Kinderzimmer verbannt.

Unser erstes großes TV-Erlebnis war die Mondlandung. „Ein kleiner Schritt für mich, aber ein großer für die Menschheit", sagte US-Astronaut Neil Armstrong, als er im Juli 1969 seine Landefähre verließ und als erster Mensch den Mond betrat. Weltweit verfolgten mehr als 500 Millionen Menschen diese Apollo-11-Mission. Darunter auch wir Neunjährigen des Jahrgangs 1960. Dieses Mal hatten uns die Eltern das Zusehen erlaubt. Wir erinnern uns bis heute noch sehr gut an die Fernsehbilder mit dem merkwürdigen Mondauto und den schwerelos leichtfüßigen Astronauten. Fortan spielten wir mit Pappkartons Mondlandung, nahmen Erdproben aus unserem Sandkasten und hüpften ebenso unkoordiniert wie unsere Vorbilder über Stock und Stein.

Langeweile? Ein Fremdwort

In den ersten neun Jahren unseres Lebens passierte unheimlich viel. Kein Tag glich dem anderen, keine Stunde der vorangegangenen. Das Wort Langeweile gab es für uns nicht. Unser Leben spielte sich – abgesehen vom Schulbankdrücken – auf der Straße und auf der Wiese hinterm Haus ab. Nur bei Regenwetter hielten wir uns im Haus auf, verwandelten den Flur mit unseren Spielzeugautos in eine Autobahn, versteckten Indianerfiguren in Blumentöpfen, die dort im Hinterhalt auf vorbeifahrende Cowboy-Postkutschen warteten und ordneten Holzfrüchte und Originalverpackungen in unserem Kaufmannsladen: kleine Maggiflaschen, Kaba-Kaffee, ausgeblasene Eierschalen und Dosen mit Nudeln und Reiskörnern.

Wenn Oma und Opa oder Tante und Onkel zu Besuch kamen, hieß es „Oh, du bist ja wieder einen halben Kopf gewachsen", was meist übertrieben war. Aber wir nickten artig. Wir konnten ja ohnehin kein Wässerchen trüben – zumindest in den Augen unserer Großeltern und Verwandten. Meist gab es ein Fünfmarkstück fürs Sparschwein, das sich langsam, aber sicher füllte. Am Monatsende, wenn Papas Gehalt und das Einkaufsgeld verbraucht waren, wurde es ab und zu geschlachtet. Aber Mutter achtete darauf, dass es am Monatsanfang wieder aufgefüllt wurde.

Wir sparten eisern auf die ersten Schlittschuhe, auf den Lederfußball oder auf das erste Fahrrad.

Pillenknick

Nachdem in den vergangenen Jahren stets steigende Geburtenraten zu verzeichnen gewesen waren, setzte in der zweiten Hälfte der 1960er-Jahre der „Pillenknick" ein, also ein signifikanter Rückgang der Geburtenrate. Die verbreitete Erklärung hierfür, wonach die Einführung der Anti-Baby-Pille – sie wurde erstmals im Jahr 1960 in den USA und anschließend in Europa auf den Markt gebracht – für diese Entwicklung maßgebend sein soll, lässt sich bei genauerer Betrachtung nicht halten. Denn: Ende der Sechziger-Jahre benutzten lediglich 20% der Frauen ein hormonales Verhütungsmittel. Wissenschaftler sehen vielmehr in langfristigen sozialen Veränderungen, im gestiegenen Wohlstand und einem neuen Selbstverständ-

Proteste gegen den Vietnamkrieg in Frankfurt am Main.

nis der Frauen die Ursachen für den Geburtenrückgang.

Vielleicht lag es ja an uns, hörten wir doch des Öfteren unsere leidgeprüften Mütter sagen: „Einer von der Sorte reicht uns."

Der Höhepunkt eines jeden Jahres: Weihnachten.

Weihnachtsgeschenke

Die typischen Geschenke zu den Geburtstagen und zu Weihnachten waren für Mädchen Barbie- und andere Puppen, Kaufmannsläden, Schulranzen, Kinderbücher, Pferdefiguren und Steiff-Plüschtiere. Wir Jungen bekamen Spielzeugritterburgen samt Zubehör, Bauernhöfe, Carrera-Rennbahnen, Märklin-Eisenbahnen, „Donnerbüchsen" mit Sheriffstern und Cowboyhut, Kettcars, ferngelenkte Autos oder Spielesammlungen. Andere beliebte Geschenke waren Sportgeräte: Federballschläger, Volleybälle, Badezeug, Boccia-Kugeln, Springseile, Schlitten, Fahrräder oder Tischtennisausstattungen.

Aus unserer Sicht als ABC-Schützen waren die Geburtstage und die Weihnachtsfeste die Höhepunkte des Jahres. Das begann schon damit, dass man vier Wochen vor dem Ereignis nicht mehr in den Schränken herumschnüffeln durfte. In der Adventszeit halfen wir Mutter beim Backen der Weihnachtskekse. Wir stachen Figuren aus dem ausgerollten Teig aus, formten eigene, kreative Keksfiguren, belegten das mit Butter ausgestrichene Backblech und leckten die Teigschüssel aus. Wir wussten genau: Diese Kekse finden sich am 24. Dezember auf dem „Bunten Teller".

Wir schrieben seitenlange Wunschzettel, ließen uns Weihnachtsgeschichten vorlesen, stapften durch schneeverwehte, tannengrün geschmückte Straßenzüge und drückten uns die Nase an den Schaufenstern der Geschäfte platt. In der Nacht vor Heiligabend dauerte es unheimlich lange, bis wir eingeschlafen waren. Dafür standen wir morgens in der Frühe am Ehebett der Eltern und weckten die beiden. „Logisch, es ist ja frei heute", stöhnte der Vater. Vormittags durften wir mit Papa gemeinsam den Weihnachtsbaum schmücken. Lametta, Walnüsse, rote Kerzen in silbernen Kerzenständern, ein Engel oder eine Silberspitze.

Am Nachmittag gab es die Fernsehsendung „Wir warten aufs Christkind". Bevor die Geschenke unter dem Weihnachtsbaum ausgebreitet wurden, tischte Mutter das Essen auf. Heiligabend gab es meist nichts Besonderes; aber am 1. und 2. Weihnachtsfeiertag wurden auf dem besten Geschirr Gänsebraten mit Rotkohl, Edelfisch, Königsberger Klopse oder Rinderbraten serviert. Noch besser schmeckte das Dessert: Karamellpudding, Götterspeise oder Erdbeer-, Schokoladen-, Vanilleeis mit heißen Früchten und Sahne. Nach dem Weihnachtsessen schickte uns Mama ins Kinderzimmer oder Papa musste mit uns noch einmal schnell eine Besorgung erledigen. Wenn wir dann wieder zu Hause waren, stürmten wir in das Wohnzimmer. „Der Weihnachtsmann kam gerade, als ihr unterwegs wart", berichtete Mutter, die gerade die Kerzen angezündet hatte.

Ein tolles Weihnachtsgeschenk: das lang ersehnte Fahrrad.

Wer sieht nicht auch heute noch gerne die alten Bond-Filme?

■

Voller Dynamik und Brisanz:
Die erfolgreichsten Filme der 1960er

Die 1960er-Jahre zählen wirtschaftlich und politisch zweifellos zu den dynamischsten Perioden der Bundesrepublik Deutschland – auch in der Kultur, wie folgende Aufzählung belegt. So waren die meistdiskutierten Filme des Jahres 1960 der Alfred-Hitchcock-Thriller „Psycho", der Jean-Luc-Godard-Film „Außer Atem", Stanley Kubricks „Spartacus" und der Monumentalfilm „Ben Hur". Letzterer erhielt in unserem Geburtsjahr nicht weniger als elf Oscars. In den Jahren 1961/1963 folgten die Kultfilme „Das Apartment" von Billy Wilder, die „West Side Story" von Robert Wise und „Lawrence von Arabien" von David Lean. Die Erfolgsserie des Geheimagenten 007, James Bond – dem größten Kassenschlager der 1960er- und 1970er-Jahre – begann ebenfalls zu Beginn der 60er-Jahre. Mitte der 1960er Jahre lief erstmals „Dr. Schiwago" von David Lean an.

Das Jahr 1967 brachte mit der Gesellschaftssatire „Reifeprüfung", dem Roman-Polanski-Film „Rosemaries Baby" sowie dem Kriminalfilm „Bonnie und Clyde" gleich drei Filmklassiker hervor. Cineastisch nicht weniger aufregend waren die Jahre 1968/1969 mit Sergio Leones „Spiel mir das Lied vom Tod", Stanley Kubricks „2001 – Odyssee im Weltraum" sowie Dennis Hoppers Kultfilm „Easy Rider".

Von den Musikern seien nur die Beatles, die Rolling Stones, das Musical „Hair" und das Woodstock-Festival erwähnt. Übrigens: Auch das erste Asterixbuch von René Goscinny und Albert Uderzo erschien in den 1960er-Jahren. „Asterix der Gallier" und die Folgebände zählten fortan zum Standardrepertoire der Bücherregale in den Kinderzimmern.

Zeitströmungen

In der Schule lernten wir viele neue Spielkameraden kennen, sodass wir jetzt beim Einkaufsbummel oder beim Spaziergang häufig Freunde und Bekannte trafen. Vater lästerte: „Du bist ja bekannt wie ein bunter Hund". Wenn wir langhaarige Halbstarke freudig grüßten, sah er uns jedoch komisch an und

blickte den Gegrüßten verstohlen hinterher. „Woher kennst du den denn?", wollte Vater wissen. „Na, das ist doch der große Bruder von meiner Klassenkameradin", erklärten wir. Daraufhin schüttelte Vater unmerklich den Kopf und flüsterte, er hoffe, dass wir nicht „auch so" würden.

Wohl um dem vorzubeugen, steckte er uns heimlich eine Mark zu: „Für's Sparschwein." Klar, es ging darum, bürgerliche Werte zu vermitteln, die von den Jugendlichen infrage gestellt wurden.

Nichtsdestotrotz: Im Fernsehen tauchten jetzt des Öfteren langhaarige Typen auf – Musiker, Demonstranten, Künstler, Studenten. Als sieben-, achtjährige Steppkes verstanden wir nicht, was so Besonderes an diesen jungen Leuten war. Aber wir registrierten, dass verstärkt über sie, ihre Ziele und ihr Auftreten diskutiert wurde.

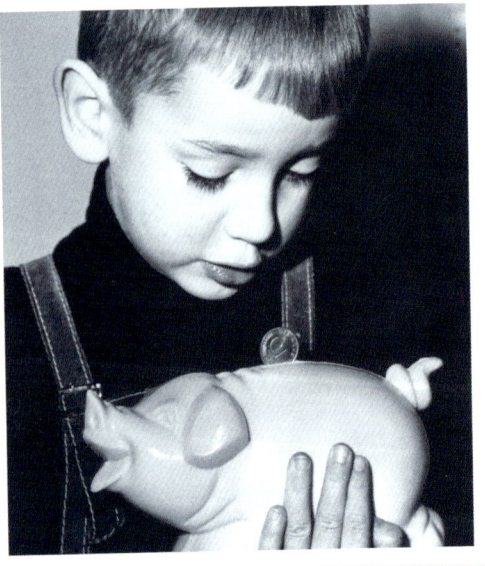

Ob groß oder klein, alle hatten ein Sparschwein.

Im Verein statt im Fitnessstudio

Viele von uns „1960ern" schlossen sich einem Sportverein an, wobei natürlich bei den Jungens die Fußballklubs den ersten Rang einnahmen. Doch auch Leichtathletik, Turn- und Tischtennisvereine waren sehr beliebt. Die Mädchen liebäugelten mit Reitvereinen, doch die hohen Aufnahmegebühren schreckten viele Eltern ab, ihre Töchter dort anzumelden.

Auch die Tennisvereine hatten finanzielle Hürden für Mitglieder aufgestellt. Pfiffig wie wir waren, errichteten wir uns auf dem Parkplatz vor der Tür unsere

Jeder von uns gehörte einer Bande, Clique oder Straßengang an.

eigenen Tennisplätze. Dazu reichten ein Stückchen Kreide und ein provisorisches Netz. Ganz Mutige zwängten sich durch ein Zaunloch an den Vereinsanlagen und nahmen mit ihrem Freund ganz einfach einen freien Tennisplatz in Besitz. Im Falle einer Entdeckung mussten sie jedoch schnell Fersengeld geben. Basketball, Skifahren, Triathlon, Jogging, Aerobic und asiatische Kampfsportarten führten noch ein Schattendasein. Statt auf Inlineskatern fuhren wir Rollschuhe, statt Badminton spielten wir Federball.

Frei- oder Fahrtenschwimmer

Mit sieben, acht Jahren lernten die meisten von uns schwimmen. Dies geschah meist unter Anleitung eines Schwimmlehrers im Schwimmbad oder beim Schulsport. Letzteres war wesentlich schwieriger, weil die Klassenkameraden stets spotteten, wenn man sich halb übergab, weil man wieder einmal Chlorwasser geschluckt hatte – einer der ersten überaus peinlichen Momente in unserem Leben. Grimmig in unserem Reifen hängend, der von dem Bademeis-

Das nasse Element übte auf viele „1960er"
eine magische Anziehungskraft aus.

ter mit einer langen Stange über das Wasser geführt wurde, gaben wir ohnehin
ein Bild des Jammerns ab. Zum Freischwimmer musste man zudem noch vom
Einmeterbrett springen und nach Ringen tauchen – beim Fahrtenschwimmer
musste man seinen ganzen Mut zusammennehmen und vom Drei-Meter-Brett
springen.

Zu höheren Weihen reichte es selten, denn der schaurig tiefe Anblick vom
Fünf-Meter-Turm ließ viele wieder den Rückweg antreten – ohne in den
Abgrund gesprungen zu sein.

Auch wenn wir Wasserball spielten, fielen wir unangenehm auf. Für gewöhn-
lich trafen wir bei unseren Abwürfen nämlich genau diejenigen Langstrecken-
schwimmer am Kopf, die wir schon mit unseren gewagten Seitenrandsprüngen
verärgert hatten. Der von ihnen mit Schimpfkanonaden wütend aus dem
Schwimmbecken geworfene Ball landete meist in einer Dornenhecke. Nicht
nur, dass wir uns bei der Bergung des Sportgerätes die Haut und Fußsohlen

einrissen, meist war auch der luftgefüllte Wasserball ein Opfer spitzer Dornen. Aus Rache versteckten wir das Badetuch und die Straßenkleidung des Schwimmsportlers und machten uns dann aus dem Staub, um die Situation nicht noch mehr eskalieren zu lassen.

Unter den Talaren – Muff von 1000 Jahren

Die 1960er-Jahre zeichneten sich durch starke gesellschaftliche Veränderungen und eine umfassende Modernisierung aus. Die Bundesrepublik Deutschland entwickelte sich zur zweitgrößten Handelsnation der Welt. Die Folgen: steigender Wohlstand, höhere Einkommen, Vermögensbildung, Konsum, Vollbeschäftigung, verbesserte Bildungseinrichtungen, neue Infrastrukturen, engmaschigere soziale Netze, Zuzug von „Gastarbeitern", Mobilität und Flexibilität. Auf der anderen Seite: steigender Energieverbrauch, Geburtrückgang, Raubbau an den Ressourcen, Ökonomisierung zahlreicher Lebensbereiche, Bürokratisierung, zunehmende Massenproduktion, Standardisierung, Mechanisierung, Materialismus.

Der Fernseher ersetzte das Familiengespräch am Abend, die Elektroherde lösten den Kohleherd ab, die Ölheizungen die Brikettfeuerung, der Staubsauger den Wischmob. Technische Geräte drangen unaufhaltsam in sämtliche Lebensbereiche und veränderten sie grundlegend: Automobile, Warmwasserboiler, Telefone, Flugzeuge, Rechenmaschinen, elektrische Schreibmaschinen, Kühlschränke, Bohrmaschinen. Jede dieser technischen Innovationen bewirkte gesellschaftliche Veränderungen.

Auch das Denken veränderte sich: neue wissenschaftliche Erkenntnisse, komplexere Strukturen, neue Forschungsansätze, Individualisierung, Verwendung von Anglizismen, Globalisierung und Entnationalisierung, Selbstverwirklichung als Lebensziel, Emanzipation der Frau, die Erprobung alternativer Lebensformen, Antiautorität. An den Universitäten distanzierte sich die neue Studentengeneration unter dem Schlagwort „Unter den Talaren – Muff von 1000 Jahren" von den überkommenen Wertvorstellungen, hinterfragte kritisch die Rolle von Staat und Gesellschaft und brandmarkte die nationalsozialistische Vergangenheit zahlreicher Persönlichkeiten des öffentlichen Lebens.

Endlich zweistellig –
Von der Kindheit zur Jugend

Endlich hitzefrei!

Vom Dümpeln und Nerven

Mit dem Jahr 1970 brach ein neuer Lebensabschnitt an: Wir wurden stolze zehn Jahre alt und waren das erste Mal „zweistellig". Diese Tatsache ließ uns noch ein wenig größer erscheinen, als wir uns ohnehin schon fühlten. Es war

Chronik

10. April 1970
Ringo Starr, Paul McCartney, John Lennon
und George Harrison trennen sich
endgültig. Die Ära der Beatles, erfolg-
reichste Band der 60e-Jahre, gehört damit
der Musikgeschichte an.

24. April 1971
An der bisher größten Demonstration gegen
den Vietnamkrieg nehmen am 24. April
1971 in Washington über 500 000 Menschen teil.

20. Oktober 1971
Bundeskanzler Willy Brandt erhält aufgrund
der von ihm initiierten und von der Opposition
scharf kritisierten Versöhnungs- und
Ostpolitik den Friedensnobelpreis.

6. November 1971
Der unterirdische Atombombentest auf der
Aleuteninsel Amchitka löst Proteste der
Umweltorganisation Greenpeace aus, die
fortan mit spektakulären und öffentlichkeits-
wirksamen Aktionen Missstände aufzeigt
und gesellschaftliche Veränderungen fordert.

Im Jahr 1972
veröffentlicht der Club of Rome das Buch
„Die Grenzen des Wachstums". Der
Bestseller wird intensiv in der Öffentlichkeit
diskutiert und verschiebt Werte. 1973 erhält
der Club of Rome den Friedenspreis des
Deutschen Buchhandels.

26. August bis 11. September 1972
Bei den Olympischen Spielen in München
gewinnt US-Wunderschwimmer Mark Spitz
sieben Goldmedaillen. „Turnfloh" Olga Korbut
erreicht dreimal Gold und einmal Silber, die
Deutsche Heide Rosendahl zweimal Gold
und einmal Silber. Bei einem Anschlag
arabischer Terroristen und der anschließen-
den Befreiungsaktion sterben elf israelische
Sportler, ein Polizist und fünf Terroristen.

10. Dezember 1972
Der deutsche Schriftsteller Heinrich Böll
erhält den Literaturnobelpreis.

11. Februar 1973
Im Frühjahr 1973 ziehen die USA ihre letzten
Truppen aus Vietnam ab. Die Schreckensbi-
lanz ihres Einsatzes lautet in nüchternen
Zahlen ausgedrückt: über 55 000 Tote, 135
Milliarden US-Dollar Kriegskosten.

8. April 1973
Am 8. April 1973 stirbt Pablo Picasso, einer
der bedeutendsten Wegbereiter und
Repräsentanten der Malerei des 20.
Jahrhunderts.

das Alter, in dem man Klingelstreiche
verübte, durch Hausflure lärmte und
auf Fahrrädern halsbrecherisch nah
an Fußgängern vorbeifuhr.

Die Erwachsenen riefen uns Aus-
drücke wie Rotznasen, Bengel,
Gören, Rabauken, Zicken oder –
ganz gemein – „Kurze" hinterher.
Indianer-Tomahawks flogen verse-
hentlich gegen frisch lackierte
Autotüren, Zwillen lösten sich von
alleine aus, irgendwelche Fremdkör-
per gerieten in die exakt vorberech-
nete Flugbahn der von uns wuchtig
geschossenen Fußbälle.

Es schien, als ob dieser Lebensabschnitt allein dazu da wäre, die
Nerven unserer Mitmenschen zu
strapazieren. Jede unserer Aktionen,
auch die aus guter Absicht heraus,
entwickelte sich zu einem Belas-
tungstest für das Nervenkostüm der
anderen. Wir loteten die Toleranz-
grenze unserer Eltern auf den Millime-
ter exakt aus, bestimmten mit biomet-
rischen Formeln die Länge des
Geduldsfadens unserer Lehrer,
ignorierten jedweden gut gemeinten
Rat und schafften es, jeden unserer
leidgeprüften Mitmenschen zur
Weißglut und auf die Palme zu
bringen.

Unser pubertäres Zeitalter brach
an. Eben noch völlig apathisch und
desorientiert, sprangen wir im nächsten Moment wie von der Tarantel
gestochen auf und verbreiteten
hektische – aber ziellose – Betrieb-

11. bis 14. Lebensjahr

samkeit. Wir gaben uns wie ein Spiel-
ball unseren Launen hin, dümpelten im
Meer des Phlegmas und gingen jeder
Anstrengung in großem Bogen aus
dem Weg.

Auch das Einkaufen mit uns wurde
zur Tortur. Die alltägliche Radio- und
Fernsehwerbung hatte uns im Laufe
der Zeit ein ausgeprägtes Markenbe-
wusstsein vermittelt. Wir sträubten uns
beim Frühstück mit Händen und Füßen
gegen jeden Haselnussnougat-Brotaufstrich, außer gegen Nutella. Bei Geträn-
ken standen Coca-Cola, Fanta, Sinalco oder Bluna an erster Stelle, bei Süßigkeiten Haribo, Prinzenrolle und Langneseeis. In der Schule schrieben wir mit
Pelikan-Füllern, nutzten Tintenkiller und Faber- Buntstifte.

Überhaupt: Schule – hier hatte sich einiges verändert. Statt der Grund- oder
Volksschule besuchten wir jetzt die Haupt-, Mittel- oder Oberschule.

Erste Vorträge als Besserwisser

Immerhin: Die Unterrichtsthemen in der Schule wurden spannender. Wir befass-
ten uns mit Griechen und Römern, konnten vollständige englische Sätze bilden,
lasen ohne Aussetzer, schrieben schwierigste Wörter. Besonderes Interesse
widmeten wir dem Fach „Welt- und Umweltkunde". Hier lernten wir das Thema
Umweltschutz kennen, mit dem wir uns zu Hause prima als Altkluge und
Besserwisser profilieren konnten: „Mama, verschwende doch kein Wasser!
Warte mit dem Wäschewaschen, bis die Waschmaschinentrommel voll ist."
Dabei waren gerade wir es, die unablässig für Nachschub an Wäsche sorgten.

Das Argument „Wassersparen" eignete sich ebenfalls hervorragend, wenn wir
abends wieder einmal nur eine „Katzenwäsche" machten. Als Zehn-, Elf- oder
Zwölfjährige gab es nur wenige Konstanten im Leben – zum Beispiel die Themen
der Aufsätze zu unseren Klassenfahrten und Urlaubserlebnissen. Wir blieben

Die große Schwester hilft.

unserem bewährten, farblosen Stil treu, verzichteten auf anschauliche, lebendige Schilderungen und gaben uns größte Mühe, so wenig Worte wie möglich zu verwenden. Dabei war unser Wortschatz eigentlich unerschöpflich – zumindest wenn wir kesse Sprüche, Unanständiges oder Unflätiges aus ihm schöpften.

Unser Aktionsradius vergrößerte sich im Gören- und Lausbubenalter nochmals gewaltig. Zusammen mit unseren Eltern, unseren Schul- oder Vereinskameraden bereisten wir zahllose Orte der näheren und weiteren Umgebung. Die Klassenfahrten führten nicht mehr in das nahe gelegene Schullandheim, sondern in Jugendherbergen in völlig unbekannten Regionen.

Bei den Urlaubsreisen wagten sich die Eltern jetzt schon nach Spanien, Italien und Griechenland – das Mittelmeer rief. Aber egal, was unsere Lehrer und Eltern uns auch vor Augen führten – ob weltbekannte Bauwerke wie den Schiefen Turm von Pisa oder den Londoner Tower, ob museale Highlights wie den Louvre in Paris, ob herausragende Landschaften wie die Côte d'Azur oder die Zugspitze, ob Hagenbecks Tierpark oder das Legoland – wir tappten desinteressiert in der Gegend herum und gähnten. Unserer Begeisterung für das überwältigende Landschaftspanorama hielt sich in Grenzen.

Ein Hauptbestandteil von Kindergeburtstagsfeiern und Feten: Mohrenkopfessen.

Lucy in die Sky with Diamonds – jugendgefährdende Drogen

In der Bundesrepublik Deutschland wurden 1972 erstmals über 100 Drogentote gezählt – eine alarmierende Zahl, die vor allem unsere Eltern und Sozialpolitiker aufschreckte. Voller Vorurteile gegenüber langhaarigen Aussteigern, Hippies, Flower Power, ausgeflippter Rock- und Popmusik verursachte allein der Gedanke an Drogen einen kalten Schauer bei den Erziehungsberechtigten. Paradox war, dass nicht die gesellschaftlich akzeptierten Drogen wie Alkohol und Tabak, deren Konsum zu weit höheren Todeszahlen führte, sondern die neuen Drogen wie Marihuana, Kokain und Heroin die Eltern und Pädagogen aufschreckten.

In den Folgejahren versuchte man, dem Problem mit Anti-Drogen-Kampagnen zu begegnen. Später erschienen aufrüttelnde Bücher wie „Wir Kinder vom Bahnhof Zoo", in dem die Betroffene Christiane F. authentisch und im Jargon der Fixer über den Verlauf ihrer Drogenkarriere berichtete. Die Beatles und David Bowie griffen die Drogenproblematik auf. Ehemalige Drogensüchtige schilderten ihre Erfahrungen im Schulunterricht.

Stammbaum der Erkenntnis

Jetzt, wo wir Kinder aufwachsen sehen, die ein ähnliches Verhalten an den Tag legen, schütteln wir verständnislos den Kopf und reden uns den Mund franselig: Kultur, Bildung, Lernen aus eigener Anschauung. Unser Wortschwall verhallt in tauben, ungewaschenen Ohren oder in dem Geräusch einer zerplatzenden Kaugummiblase, die die Kinder während der Erklärungstirade aufblasen. Wir ernten Unverständnis. Genauso gut könnten wir unserer Waschmaschine irgendetwas über Kunst erklären – dann würde wenigstens der genervte Blick der lieben Kleinen unterbleiben.

In solchen Momenten erkennen wir, wie es unseren Eltern mit uns erging. Mit unseren zehn, zwölf Lenzen bewegten wir uns in unserer Heimatstadt relativ unabhängig. Wir erkundeten fremde Orts- oder Stadtteile auf eigene Faust, lümmelten uns auf Bahnhofs- und verlassenen Fabrikgeländen herum, radelten zum Nachbarort, kletterten auf Jagdstände und besuchten allein die Großeltern. Papa nahm uns mit in das Fußballstadion, zum Zirkus, in die Stadtbücherei, in das Rathaus und zur Autoreparaturwerkstatt. Wir lernten neue Lebens- und Arbeitsbereiche kennen. Und: Wir entdeckten die Literatur. Die Winnetoubücher von Karl May, die Kinderbücher von Astrid Lindgren, die „Hanni-und-Nanni"-Abenteuer, Pferdegeschichten, die Story vom Räuber Hotzenplotz von Otto

Preußner, „Max und Moritz" von Wilhelm Busch und so weiter. Es kam tatsächlich vor, dass wir einen Regennachmittag mit Lesen verbrachten.

Zum Highlight des Jahres erkoren wir das Schützenfest, den „Rummel". Wir vergnügten uns mit Ponyreiten, rotierten in immer schnelleren Karussells, wagten uns in Geisterbahnen und Spiegelkabinette. Auch das Fadenziehen, das Schießen mit Korkgewehren und die Fahrt mit dem Riesenrad standen bei uns hoch im Kurs. Wir naschten Kandisäpfel, Zuckerwatte, Waffelbruch, Mohrenköpfe und natürlich gebrannte Mandeln. Es war überhaupt kein Problem für uns, das mühsam, zwei Monate lang angesparte Taschengeld innerhalb der ersten Stunde auf dem Festplatz unter das fahrende Volk zu bringen. Unser Problem bestand vielmehr in der Finanzierung der folgenden Stunden – gut, dass es Oma und Opa gab, die uns ab und zu zur Rummelzeit einen Zehner zusteckten.

Erste zarte Anbändelungen

Auf den Schützenfesten unternahmen wir auch erste zarte Annäherungsversuche: Beschallt von romantischer 110-Dezibel-Suzi-Quadro-Diskomusik rammten wir mit unserem Auto-Scooter immer die Scooter, die mit unseren Klassenkameradinnen oder dem hübschesten Mädchen aus der Nachbarschule besetzt waren. Anschließend wunderten wir uns allen Ernstes, dass diese Form der Kontaktaufnahme nur selten zu dem gewünschten Ergebnis führte und

Ein Riesenspaß.

Ein Riesenspaß.

schrieben den Misserfolg unserem pickelig pubertären Gesicht zu. Doch es dauerte nicht lange, bis wir wieder Mut fassten und uns todesmutig wie Falken auf das nächste Scooter-Opfer stürzten – natürlich mit dem gleichen Erfolg.

Eine andere neue Erfahrung war das Kino. Es war herrlich aufregend, wenn in dem großen Saal das Licht ausging und die Vorhänge die Riesenleinwand freigaben. Weniger aufregend waren die Altersbeschränkungen, auf deren Einhaltung von der Kartenverkäuferin strikt geachtet wurde. Selbst wenn wir den Größten aus unserem Freundeskreis vorschickten, bekamen wir keine Kinokarten für solche Reißer wie Godzilla oder „Planet der Affen". Alles Schmollen half nichts, wir mussten schmachten und warten, bis wir 13, 14 Jahre alt waren und uns die strenge Kassiererin endlich durchließ.

Neue Freizeitbeschäftigung: Fernsehen

Als fast Erwachsene – zumindest nach unserer Auffassung – durften wir mit unseren elf, zwölf Jahren jetzt manchmal bis nach der Tagesschau aufbleiben. Wir sahen hungernde Kinder in Afrika, verheerende Flutkatastrophen in Bangladesh, streikende polnische Arbeiter in Gdansk und den vor dem Denkmal für die Opfer des Warschauer Ghettos niederknieenden Bundeskanzler Willy Brandt. Bei der Fußballweltmeisterschaft jubelten wir dem unnachahmlichen Brasilianer Pelé zu, der diesen Titel zum dritten Mal gewann. Unsere Idole waren Franz Beckenbauer, Uwe Seeler, Gerd Müller und Karl-Heinz Schnellinger.

Am meisten beeindruckten uns die Ereignisse bei den Olympischen Spielen in München. Wir fieberten mit den Athleten, rannten nach der Fernsehübertragung die eigenhändig abgesteckten hundert Meter in 10,0 Sekunden und schleuderten selbst geschnitzte Holzspeere über die Wäschestangen hinter dem Mietshaus. Auch den arabischen Terroranschlag auf die israelische Olympiamannschaft erlebten wir auf dem Bildschirm mit. In

solchen Momenten spürten wir, dass es außerhalb unserer kleinen, behüteten Kindheitswelt eine ganz andere gab. In solchen Augenblicken beschlich uns das Gefühl, bald erwachsen zu sein.

Ungekämmt und strubbelig

Die Entwicklung vom Elf- zum Vierzehnjährigen verlief bei den meisten Vertretern des Jahrgangs 1960 nicht gradlinig, sondern eher nach dem Motto „Zwei Schritte vor und einen zurück." Ebenso wie in der Kleinkindzeit durchliefen wir auch als angehende Teenager mehrere höchst unterschiedliche Phasen. Zum Beispiel die Linus-Phase. Dieser Lebensabschnitt – benannt nach der bekannten Comicfigur „Linus" von Peanuts-Autor Charles M. Schulz – war dadurch gekennzeichnet, dass wir a) wenig Wert auf Äußerlichkeiten legten und b) stets mit einer flauschigen Kuscheldecke durch die Gegend liefen. Egal ob 30 Grad plus oder 30 Grad minus – unsere Decke war dabei. Strubbelige Haare, schwarz geränderte Fingernägel, Hosenbeine mit Löchern und fusselige Pullis – wir hätten in jeder Waschmittelreklame als Negativbeispiel auftreten können.

Eine andere Phase war die des Zappelphilipps, wobei wir mühelos die Vorgaben unseres berühmten Vorbildes aus dem Struwwelpeter, übertrafen. Wir schafften es nahezu jeden Morgen beim Frühstück, den Kakao- oder Kababecher umzuwerfen – oder zumindest das Getränk auf der Tischdecke zu verplempern, das Nutellabrot auf den Boden fallen zu lassen, den Löffel so ungeschickt aus dem Marmeladenglas zu ziehen, dass wir Mutters Bluse mit Erdbeer- und Kirschklecksen verzierten oder so mit dem Stuhl zu kippeln, dass – wenn Mutter aufsprang, um uns im letzten Moment vor dem Umkippen zu bewahren – aufgrund der hektischen Rettungsaktion mindestens ein anderer Stuhl umfiel, die gefüllte Kaffeekanne auf dem Fliesenboden in tausend Scherben zerbarst oder der Salzstreuer in den Sirup fiel.

Der Schauspieler und Synchronsprecher Gerhard Duwner mit seinem „Ernie".

Das Fernsehprogramm war gut und abwechslungsreich. Wir sahen uns Flipper, den pfiffigen Delphin, an und manche unserer Altersgenossen konnten sein kehliges, klickerndes Geschnatter täuschend echt imitieren. Der Hengst Fury fegte mit Staubwolken über den Bildschirm. Der Filmcollie Lassie rettete – vom Regisseur mit menschlicher Intelligenz ausgestattet – sein Herrchen aus vertrackten Gefahren. Der schielende Löwe Clarance beschützte seinen Schimpansenfreund Cheeta ebenso, wie die übrigen Mitglieder der Urwaldklinik.

Mit der Sesamstraße schwappte Anfang der 70er-Jahre eine neue Kinderfernseh-

Welle von den USA aus über den Atlantik. Wir waren ja eigentlich schon zu alt für Vorschulerziehung, aber Ernie, Bert, vor allem aber Kermit und das Krümelmonster, genossen auch bei uns hohe Sympathiewerte.

Wir mutieren zum Krümelmonster

Die dritte Entwicklungsphase – auch sie ist nach einer bekannten Figur aus dem Kinderalltag benannt – betraf ebenfalls die Tischmanieren: die Krümelmonsterphase. Egal ob wir Kekse, Knäckebrot, Kartoffelchips, Popcorn oder Erdnussflips aßen, stets hinterließen wir dort, wo wir uns niedergelassen hatten, ein Krümelmeer. Große Krümel, kleine Krümel, winzige Krümel, zertretene Krümel, angekaute Krümel, in Limonade eingeweichte Krümel – jeder Staubsaugervertreter, der in diesem Moment an unserer Tür geklingelt hätte, hätte Verkaufsrekorde aufgestellt.

Mutter versuchte, uns dadurch zu disziplinieren, dass sie uns einen Handfeger und ein Kehrblech zum Saubermachen in die Hand drückte; aber das verschlimmerte die Situation nur, weil wir es beim Auffegen garantiert schafften, mit dem metallenen Kehrblech derartig an den Wohnzimmerschrank oder die Vitrine zu stoßen, dass lange Scharten und hässliche Kratzspuren unübersehbar zurückblieben. Gott sei Dank hielten die Linus-, Zappelphilipp und Krümelmonsterphasen nur wenige Monate an, doch Eltern und Umwelt trugen in dieser Zeit tiefe Narben davon.

Niemand versteht mich!

Im Alter von zehn, elf Jahren fühlten wir uns oft ungerecht behandelt. Wenn ältere Geschwister oder Freunde länger aufbleiben durften, während wir bereits um 20 Uhr abends zu Bett gehen mussten, wenn andere soundsoviel Gramm mehr Eis aufgetischt bekamen, wenn wir nicht am Schaufenster mit der „astreinen Carrera-Super-Rennbahn" oder dem „Traum- Barbie-Prinzen" stehen bleiben durften, weil Mutter sowieso aufgrund unserer Trödelei zu spät zum Termin kam – all das waren Gründe, uns tief beleidigt und wie ein Rohrspatz schimpfend in den Schmollwinkel in unser Zimmer zu verziehen. Dort kauten wir gefrustet Buntstifte an, muckelten, knickten trotzig Eselsohren in unsere Comic-Hefte und waren todunglücklich. Niemand verstand uns.

Die Lehrer in der Schule machten ähnliche Erfahrungen mit uns. Auch sie mussten lernen, über unsere Strubbeligkeit, „umwerfende Aktionen", Krümeltalent und „Mit-der-Welt-nicht-im-Reinen-sein" hinwegzusehen. Da sie sich jedoch jedes Jahr vor solche Schülerprobleme gestellt sahen, gingen sie nicht nur routiniert und mit großem Gleichmut auf unsere Macken ein – im Gegenteil: Mancher Pädagoge versetzte sich so perfekt in unsere – verzweifelte – Lage, dass er stets den richtigen Umgangston traf und unser kompliziertes Geflecht aus Selbstgefälligkeit, Unsicherheit, Langeweile, Aufbegehren und Erlebnishunger durchschaute. Unser Lieblingslehrer!

Unser Lieblingslehrer war einfühlsam und hatte immer ein offenes Ohr für unsere berechtigten und weniger berechtigten Wünsche und Beschwerden. Er verstand uns. Wir himmelten ihn an. Es gab doch noch verständnisvolle Menschen, auf die man sich verlassen konnte. Während in den anderen Fächern unsere Noten absackten, blieb die Leistung im Lieblingslehrerfach konstant, mehr noch: Die Note verbesserte sich. Wir machten freiwillig Hausaufgaben, sogar mehr als gefordert. Unsere Eltern frotzelten schon. Vater wollte Fieber messen, „ob wir nicht krank wären", weil wir ohne Widerrede arbeiteten.

Auch unsere Berufswünsche passten sich an. Unterrichtete unser Lieblingslehrer Deutsch, wollten wir Schriftsteller werden, war es Mathematik oder Physik, sahen wir uns als Ingenieure, Techniker oder Programmierer, war es Musik, schlugen wir die Richtung Pianist, Popstar oder Dirigent ein.

Eine neue Zeitrechnung: Endlich Teenager

1974-1978

Treffpunkt für uns und unsere Freunde.

SELBSTVERWALTETES Jugendzentrum MITTE

102

Immer ganz locker

Als Teenager trennten uns eigentlich nur ein paar Kleinigkeiten vom erstrebten Ziel des Erwachsenseins: Wir verfügten noch über kein eigenes, ausreichend hohes Einkommen, unsere Eltern bestimmten nach wie vor, wann wir abends zu Hause sein mussten, wir besaßen noch keinen Führerschein und durften noch immer nicht in die von uns mit dem Prädikat „Unbedingt sehenswert" klassifizierten Kinofilme. Zwar zählte die Geduld nach

Chronik

8. August 1974
Am 8. August 1974 erklärt US-Präsident Richard Nixon aufgrund der Watergate-Affäre seinen Rücktritt.

1. April 1975
Amerikanische Forscher stellen fest, dass ein seit Jahrzehnten sorg- und arglos genutztes Produkt die Umwelt gravierend schädigt: Das in Deodorant- und Haarspraydosen verwendete Treibgas schädigt den Ozongürtel der Erde.

15. Dezember 1975
Im Dezember 1975 verurteilt ein Gericht den DDR-Spion Günter Guillaume und seine Ehefrau, deren Agententätigkeit zum Rücktritt des Bundeskanzlers Willy Brandt beigetragen haben, zu langjährigen Haftstrafen.

Juli 1976
Europa verzeichnet einen Hitzerekord. Das Thermometer bewegt sich wochenlang zwischen 25° und über 30° Celsius.

10. Juli 1976
An diesem Tag ereignet sich im italienischen Seveso einer der schwersten Chemieunfälle des Jahrhunderts, bei dem hochgiftiges Dioxin freigesetzt wird.

30. Oktober 1976
In Brokdorf kommt es nach einer friedlichen Demonstration gegen den Bau eines Atomkraftwerks zu gewalttätigen Ausschreitungen.

5. September 1977
Die Rote Armee Fraktion (RAF) entführt den Präsidenten der Bundesvereinigung der Deutschen Arbeitgeberverbände, Hanns Martin Schleyer, und ermordet ihn kaltblütig. Fast zeitgleich entführen vier palästinensische Terroristen die Lufthansa-Maschine „Landshut" mit 82 Passagieren an Bord. Eine Sondereinheit des Bundesgrenzschutzes, die GSG 9, befreit die Geiseln.

16. Oktober 1978
Das Kardinalskonklave wählt den Polen Karol Wojtyla zum Papst. Damit wird erstmals seit 456 Jahren ein Nichtitaliener Oberhaupt der katholischen Kirche.

wie vor nicht zu unseren bevorzugten Tugenden, doch im Gegensatz zur vorangegangenen Pubertät erschöpfte sich unser Lebensgefühl aber keineswegs in Schwermut und Dickfelligkeit. Im Gegenteil: Wir lebten fröhlich unbeschwert in den Tag hinein.

Wir sonnten uns ausgiebig auf den Liegewiesen der Parks und Schwimmbäder, hörten die neuesten Hits aus schnarrenden, ausgeleierten Kassettenrekordern, trafen uns mit unserer Clique am Schulhof, tauschten Sammelbilder vom Kiosk und debattierten leidenschaftlich, ob der Leadsänger der Bay City Rollers besser als der von Sailor oder Smokie aussah.

Wir erschreckten uns im Kino im „Weißen Hai" oder im „Exorzisten" zu Tode, ließen uns aber selbstverständlich nichts davon anmerken. Die Lockerheit, mit der wir das Leben so nahmen, wie es war, führte in der Schule zu manchen Problemen. Statt dem Unterricht zu folgen, malten wir Fantasieskizzen in unsere Hefte oder schrieben Liebesbriefe, die wir gleich im nächsten Moment zerknüllten und nie abschickten. Wir blickten verstohlen zu dem insgeheim angehimmelten Mädchen beziehungsweise zu dem wahnsinnig gut aussehenden Jungen hinüber, wagten es aber nicht, die entsprechende Person direkt anzusprechen. Gerade in der Gruppe war es verpönt, sich irgendwelche Blößen zu geben.

15. bis 18. Lebensjahr

Was sich liebt, das neckt sich

Wir verfuhren strikt nach dem Motto „Was sich liebt, das neckt sich" und taten dem anderen Geschlecht unsere Zuneigung durch „An-den-Haaren-Ziehen", „Luft-Aus-dem-Fahrradreifen-Lassen" oder „In-das-Schwimmbecken-Schubsen" deutlich. Das kam nicht immer gut an. Folgerichtig machten wir die gleiche bittere Erfahrung verschmähter Liebe wie schon beim Autoscooterfahren – natürlich wieder mehr als einmal. Die Zensuren in den Zeugnissen waren uns ziemlich egal. Zwar schärften uns die Eltern tagtäglich ein, dass die Noten wichtig für einen guten Ausbildungsplatz seien. Trotz unseres offen zu Tage tretenden schulischen Desinteresses schafften es aber engagierte Lehrer, uns zumindest für ihr Unterrichtsfach zu motivieren. Ja, wir nahmen sogar an Arbeitsgruppen teil, die am Nachmittag stattfanden. Im Englischunterricht übersetzten wir Liedertexte der Beatles, im Deutschunterricht interpretierten wir die Kurzgeschichten von Literaturnobelpreisträgern, in Biologie befassten wir uns mit Zellstrukturen und in Mathematik quälten wir uns mit Gleichungen mit drei Unbekannten ab. Chemie, Physik, Sport, Werken und Handarbeit, ja sogar Schreibmaschine und Kurzschrift standen auf den Stundenplänen.

Auf den weiterführenden Schulen kamen Französisch oder Latein hinzu. Hier wurde jetzt übrigens nicht mehr nach den Zensuren von eins bis sechs, sondern nach dem modernen Punktesystem von eins bis fünfzehn benotet. Nachmittags stromerten wir durch die Straßen oder fuhren auf unseren Fahrrädern umher. Wir entdeckten, dass man sich am Telefon stundenlang unterhalten konnte. Ab und zu traf man sich in der Eisdiele, im Schwimmbad oder auf dem Sportplatz. Abends hörte man gemeinsam Musik. Da man unheimlich viele Leute kannte, kam es nicht selten vor, dass man auf eine Fete eingeladen wurde.

Die Schule schaffte uns und wir waren froh über jede Pause.

Poster und Starkult

In unseren Zimmern hingen Bravoposter an den Wänden. Wir warteten begeistert auf die neue Ausgabe mit einem weiteren Ausschnitt des Star-Sammelposters und verstanden Vater nicht, der uns in diesem Zusammenhang etwas über Marketingstrategien von Printmedien erklären wollte. Während sich die Mädchen lebensgroße John-Travolta-Fotografien über ihr Bett hängten, plakatierten wir Jungens unsere Wände mit Fußballidolen oder Automobilraritäten.

Auch die Stars der Fernsehsendungen wie Bonanza, Enterprise, die bezaubernde Jeannie oder die Leute von der Shiloh-Ranch wurden Bestandteil des häuslichen Raumbildes.

Politisch waren wir jetzt auf der Höhe der Zeit. Wir erlebten 1973 das Ölembargo und drei autofreie Sonntage, verfolgten den Watergateskandal, diskutierten über die Guillaume-Affäre und den Rücktritt Willy Brandts als Bundeskanzler sowie die Vor- und Nachteile des Verbots der Tabakwerbung.

In unserem Alter hatten wir natürlich schon längst selbst einmal eine Zigarette probiert und einige von uns rauchten heimlich in den Schulhofecken. Wir waren genau in dem Alter, in der man Lebenserfahrung, Selbstwertgefühl und Persönlichkeitsentwicklung durch coole Gesten ausdrückt. Und: Wir waren genau in dem Alter, wo man noch dumm genug war, diese Gesten für bare Münze zu nehmen.

Land in Sicht!

Das größte Fernsehereignis in jenen Jahren war zweifellos der 2:1-Sieg der deutschen Fußballnationalmannschaft am 7. Juli 1974 bei der Weltmeisterschaft gegen die Niederlande. Noch ein weiteres Ereignis elektrisierte uns: Zum 1. Januar 1975 wurden alle 18- bis 20-Jährigen volljährig. Jetzt brauchte man nicht mehr bis 21 zu warten, bis man sein eigener Herr war. Land in Sicht! Dem Motto „Was kostet die Welt" folgend, fühlten wir uns ohnehin schon erwachsen und voll geschäftsfähig.

Wir erklärten spielend die schwierigsten politischen Zusammenhänge, lösten tiefgreifende Probleme auf einfachste Art und strebten solch leicht erreichbare Berufsziele wie Bundeskanzler, Profifußballer, Chefsekretärin, Astronaut oder Star-Mannequin an.

In unserer Vorstellungswelt verfügten wir über die exklusivsten Berufsziele und -wünsche: Als Forschungsreisende drangen wir in unbekannte Dschungelgebiete vor, nahmen wir reihenweise Nobelpreise entgegen oder ließen uns olympische Goldmedaillen um den Hals hängen. Unsere tatsächlichen beruflichen Erfahrungen beschränkten sich hingegen auf Hilfsarbeiten in Nachbars Garten, auf das Beaufsichtigen der Nachbarskinder, auf das Austragen von Werbezetteln für Supermärkte, auf das Autowaschen für Papas Freund oder

Schülerdemonstration mit dem Ziel, bessere Schulbe-
dingungen und Räumlichkeiten zu erhalten.

auf das Einkaufengehen für die betagte Nachbarin. Immerhin besserten wir mit
diesen Arbeiten unser Taschengeld auf. Von dem hart erarbeiteten Verdienst
profitierten Eisdielen- und Boutiquenbesitzer, Schallplattenläden, Süßigkeiten-
hersteller und Softdrinkfabrikanten.

Die Konfirmation – in katholischen Gebieten die Kommunion – spülte einen
warmen Geldregen in unsere Kasse. Die Eltern trugen jedoch Sorge dafür,
dass die Geldgeschenke für größere Anschaffungen reserviert blieben. Es war
das erste Mal in unserem Leben, dass uns eine größere Summe zur Verfügung
stand. Das Kommunions- bzw. Konfirmationsgeld finanzierte das Fahrrad mit
der Zehngangschaltung, das Mofa, die Hi-Fi-Musikanlage, den ersten Gold-
schmuck oder gar den späteren Autoführerschein.

Auf großer Fahrt

Zum Ausklang der Schule ging es noch ein letztes Mal auf große Klassenfahrt.
Zu den beliebtesten Zielen zählten Berchtesgaden, die deutschen Mittelge-
birge, vor allem der Harz, die großen Städte Hamburg, München, Köln, Berlin
oder die Nordseeküste mit den vorgelagerten friesischen Inseln. Auf diesen
Fahrten bahnten sich häufig die ersten Liebeleien an. Man nutzte die kurzen
Momente der Zweisamkeit, um mit dem „Jemand" zusammen zu sein. Oft

musste man die lästige Anwesenheit ihrer besten Freundin bzw. seines besten Freundes erdulden. Dauernd kichernd und sich genau zwischen uns Verliebte hineinschlängelnd ließen sich die Zicke bzw. der Störenfried nur durch den Kauf einer Kinokarte bestechen und abwimmeln.

Raffinierter war es, einen Dritten zu beauftragen, die Nervensäge oder den Störer mit unserem Geld in die Eisdiele einzuladen – doch auch das hatte nur selten Erfolg. Selbst wenn man es als frisch Verliebte zu zweit geschafft hatte, der direkten Beobachtung zu entkommen, traf man im Park oder hinter der Jugendherberge mit Sicherheit andere Bekannte, die die traute Zweisamkeit störten – einfach nervig. Die oberste Jugendherbergsregel war: Halte dich niemals in deinem eigenen Zimmer auf.

So streunten wir Jungens durch die Flure in den Mädchentrakten – und umgekehrt –, halfen freiwillig beim ungeliebten Küchendienst, wenn die Auserkorene zum Abwaschen eingeteilt war, spielten beim Volleyball verstärkt ihre Position an und setzten uns bei den Busfahrten in die Sitzreihe hinter sie. Wir berührten uns wie zufällig, strichen mit der Hand über ihren Arm und ihre Schulter, drängelten uns bei der Essensausgabe ganz dicht an ihren verlängerten Rücken und bestaunten beim Museumsbesuch mit einer Engelsgeduld das gleiche langweilige Gemälde wie sie. Umgekehrt ertappten wir sie, wie sie dem Unterricht nicht folgte, weil sie uns einen aufmunternden Blick zuwarf oder uns freiwillig aus ihrem Heft abschreiben ließ und dabei dicht an unsere Seite rückte.

Wir entdeckten, dass Nähe Spaß macht und dass Blicke vieles sagen können. Wenn das Telefon klingelte, taten wir unbeteiligt, hofften jedoch, dass „sie" oder „er" uns anrief. Dabei versuchten wir natürlich, den Apparat mit in unser Zimmer zu nehmen, sodass kein Familienmitglied unserem Gespräch folgen konnte. Die ersten gemeinsamen Spaziergänge führten in Parkanlagen, ins Schwimmbad, seltener ins Kino. Dabei gingen wir zunächst konspirativ vor, um den Mitschülern keinen Angriffspunkt für Tratsch zu bieten. Peinlich war, wenn man ausgerechnet dem Klassenlehrer begegnete.

An der Schwelle zum Erwachsensein

Die Jahre 1975/1976 brachten für zahlreiche Angehörige des Jahrgangs 1960 ein einschneidendes Ergebnis mit sich: das Ende der Schulzeit. Manch einer verließ die Hauptschule, einige die Realschule. Nur die Gymnasiasten hielten tapfer ihre Stellung. Vor das Abschluss-zeugnis war eine Zeit intensiven Schul-stresses gestellt. Wir büffelten für jede Klassenarbeit, für jede Klausur, für jeden Test und legten uns mächtig ins Zeug. Da seit einiger Zeit die geburtenstarken Jahr-gänge auf den Arbeits- und Ausbildungs-markt drängten, waren gute Ausbildungs-plätze knapp.

Zu den beliebtesten Berufen zählten angeblich Verkäuferin und Kfz-Mechani-ker, aber wahrscheinlich nur, weil in diesen Branchen viele von uns unterka-men. Nicht selten bewarben sich Dut-zende von Bewerbern auf einen Ausbil-dungsplatz. Nur die Schulkameraden, deren Eltern ein eigenes Geschäft besaßen – und die Glücklichen, deren Eltern über gute Beziehungen verfügten – bekamen problemlos eine Stelle. Alle anderen mussten vor Arbeitsantritt in Aufnahmeprüfungen, in Bewerbungsge-sprächen oder in Auswahlverfahren ihr Können unter Beweis stellen.

Dorfdisko

Wenn sich auf den Geburtstagsfeten oder in der Dorfdiskothek die halbe Klasse traf, gab es mehrere Möglichkeiten. Einige offenbarten ihre Zuneigung füreinander durch heftige Knutsch- und Kuschelszenen offen; andere ver-schwanden für eine halbe Stunde zu zweit unauffällig an den kleinen Bachlauf vor der Disco. Die dritte Kategorie verliebter Teenager ignorierte sich in der Öffentlichkeit hartnäckig, um dann in trauter Zweisamkeit umso intensiver einander zugeneigt zu sein. Nach den deprimierenden Fehlschlägen mit den

Voll im Trend: Jugendliche in den 70er-Jahren.

Autoscootern und dem Ins-Wasser-Schubsen hatten wir endlich eine erfolgver-
sprechende Strategie im Umgang mit dem anderen Geschlecht entwickelt.

Als wir das letzte Schulzeugnis endlich in den Händen hielten, waren wir eher
erleichtert, denn stolz. „Schule ade, scheiden tut nicht weh", grölten wir am
letzten Schultag den jüngeren Klassen auf dem Schulhof zu, schwenkten
unsere Taschen mit den Büchern. Manch ein Heft und manch ein Schulbuch
versank im Teich oder wurde Opfer zündelnder Lagerfeuer. Je nach Schulab-
schluss begann in den Spätsommern
1975/1976 oder im Frühjahr 1977 der
neue Lebensabschnitt für uns: die
Berufsausbildung.

Wir waren froh, dass wir trotz
Lehrstellenmangels einen Ausbil-
dungsplatz gefunden hatten und
erstmals eigenes Geld verdienten.
Der erste Arbeitstag war ein Tag
voller Ungewissheit. Wie würden sich
die neuen Kollegen verhalten, wie der
Chef? Wo würden wir eingesetzt und
woraus bestünde unsere erste
praktische Arbeit? Würden wir allen
Anforderungen gerecht? Es dauerte
ein paar Tage, bis sich unsere
Anspannung legte. Wir freundeten
uns schnell mit den anderen Auszu-

Geschlafen wurde nicht.

bildenden an, die uns hilfreiche Tipps gaben und uns mittags zeigten, wo es das beste und preiswerteste Essen gab.

Wir lernten Verkäufer, Industrie- oder Bankkaufmann, handwerkliche oder technische Berufe, schlugen eine Laufbahn im öffentlichen Dienst ein oder kamen bei Einzelhandelsunternehmen unter. Manch einer musste eine Wartepause einlegen und noch ein Jahr Handelsschule absolvieren, bevor er in das Berufsleben trat. Die Umstellung von der Schule auf den Beruf fiel schwer. Jetzt waren wir nicht nur vormittags, sondern ganztägig im Einsatz.

Lehrjahre sind keine Herrenjahre

Noch vor unserem Start in das Berufsleben schockierten uns zahllose Schauergeschichten. Maurerlehrlinge, die im 1. Lehrjahr nur zum Bierholen geschickt wurden, Friseusinnen, die nur Haare waschen und aufkehren durften, Kfz-Mechaniker-Lehrlinge, die mit Stablampen in den Motorblock hineinleuchteten, damit der Geselle die Zündkerzen auswechseln durfte, Schiffsjungen, die nur das Deck schrubbten – bei solchem Seemannsgarn war es schwer, eine vernünftige Berufswahl zu treffen. Aber wir „Geburtenstarke" hatten es ohnehin schwer, etwas Passendes zu finden. Begehrt waren Ausbildungen als

Industrie- oder Bankkaufleute, als Sekretärin oder Verwaltungsfachangestellte. Doch die Nachfrage nach guten Ausbildungsplätzen war wesentlich größer als das Angebot. Nachdem wir schon die Zeiten fehlender Kindergartenplätze und starker Klassenverbände überstanden hatten, lernten wir erneut die Nachteile der Baby-Boom-Generation kennen – ein Problem, das uns bis in das Rentenalter begleiten wird. Trotzdem kamen wir irgendwie unter – doch Traumjobs, die bekamen nur die Wenigsten von uns. Aber wir warfen die Flinte nicht ins Korn und machten das Beste aus der Situation.

Licht aus – womm – Spot an

Auch die Schulzeit und die ersten Liebschaften gerieten in völlige Vergessenheit. Wir wendeten uns neuen Betätigungsfeldern und neuen Freundschaften zu. Nur die Lieblingsmusiker blieben die gleichen. Die Musik nahm in dieser Lebensphase einen so hohen Stellenwert wie niemals zuvor oder danach ein.

Jugendband „Session for Nine" mit ungewöhnlicher Besetzung: Schlagzeug, Xylophon, Saxophon und – im Vordergrund – indischer Sitar.

Wir hörten mit Begeisterung die Hitparaden, saßen – das Mikrofon des Kassettenrekorders in der Hand – vor dem Radio und ärgerten uns schwarz, wenn Mutter bei den letzten Takten des Superhits unsere Zimmertür aufriss und die ganze Aufnahme hinfällig war. „Bye, bye Baby" von den Bay City Rollers, „Sailing" von Rod Steward, „In the Summertime" von Mungo Jerry oder Sailors „A class of Champagne" zählten zu unseren Favoriten. Die Bee Gees verbreiteten das ansteckende „Saturday Night Fever", John Travolta tanzte durch „Grease", Billy Swan trällerte „I can help".

Deutsche Interpreten hatten es bei uns schwer, sich gegen die englischsprachige Konkurrenz durchzusetzen – ganz getreu dem Song von Juliane Werding „Wenn du denkst, dann denkst du nur, du denkst, du hast ein leichtes Spiel." Peter Maffay traf mit seinem Hit „Und es war Sommer" den Nerv der Zeit – und verletzte mit seinem Text das Empfinden vieler, vor allem prüder Erwachsener. Auf ausgelassenen Feten – und davon gab es in jener Zeit zahlreiche – sprangen wir auf der Tanzfläche wild nach den Rhythmen der Rolling Stones umher, stimmten lauthals und schräg in Mick Jaggers „I can get no satisfaciton" mit ein oder himmelten Meat Loaf, Hot Chocolade oder die Bellamy Brothers an.

Die Übersetzung von „Daddy Cool" bekam eine ganz andere Bedeutung, wenn unser Vater wutschnaubend die Treppe heraufstürzte und den Lautstärkeregler unserer Musikanlage zurückdrehte, weil sein Klopfen von uns nicht gehört worden war. Anschließend – wenn Vater den Hund ausführte und aus dem Haus war – legten wir ungeniert „Nutbush city limits" von Ike & Tina Turner auf und drehten den Regler wieder voll hoch.

Die musikalisch Anspruchsvolleren von uns hörten Gruppen wie Genesis, Pink Floyd, Jethro Tull, Supertramp oder Santana. Fantasievolle 1960er trieben sich auf der „Dark side of the moon" herum, sendungsbewusste 1960er verbreiteten Gerüchte – „Rumours" – von Fleetwood Mac, verkappte Musiker des Jahrgangs 1960 spielten auf Luftgitarren die genialen Soli von Carlos Santana „Samba Pa Ti" oder die „Songs from the Wood" von Jethro Tull nach und die Ängstlichen von uns pfiffen in dunklen Straßenunterführungen „The Logical Song" von Supertramp.

Die Musik begleitete uns auf dem Weg zur Arbeit, auf unseren Urlaubsfahrten, an den Wochenenden und an den Abenden nach der Arbeit. Die Musik war Ausdruck unseres Lebensgefühls und schenkte uns unvergessliche Erlebnisse, die wir uns gerne in Erinnerung zurückrufen, wenn wir die „unschlagbaren Hits" heute hören.

Die legendäre Popgruppe Abba.

Was bringt uns verbrauchte Energie sofort zurück?

Die Wirtschaft und ihre Marketingstrategen hatten uns Jugendliche schon seit geraumer Zeit als vollwertige Konsumenten entdeckt. Wir wussten um diese bedenkliche Entwicklung und hatten uns bereits im Gemeinschaftskundeunterricht intensiv mit dem Thema „Die geheimen Verführer" – so der bekannte Titel von Vance Packart – befasst. Trotz dieses Wissens gingen wir der auf uns einströmenden Werbung häufig auf den Leim. Wir inhalierten Zigaretten und fühlten uns frei und stark wie der Marlboro-Mann, wir tranken Coke und fühlten uns spritzig-frisch und unwiderstehlich, wir kauften Kosmetika und Placebodragees gegen unsere Pickel und ließen uns unsere Energie von Mars-Schokoriegeln zurückbringen.

Zu unseren Hauptausgaben – an denen es keinen Pfennig einzusparen gab – zählten außer Schallplatten, Klamotten, Kino und Eisdiele vor allem Jugendzeitschriften, Illustrierte und Süßigkeiten. Für die Mofafahrer kamen noch Spritkosten hinzu, doch die meisten mussten sich noch mit dem Fahrrad als Fortbewegungsmittel begnügen. Nur für eines wurde eisern angespart: Für den Führerschein.

Viele von uns 1960ern begannen bereits einige Monate vor der Volljährigkeit, sich auf die Fahrprüfung vorzubereiten. Vater fuhr mit seinem VW Käfer auf abgelegene Parkplätze oder auf Verkehrsübungsplätze und überließ uns dort das Steuer. Wir besorgten uns Testbögen und büffelten – freiwillig – Verkehrsregeln. Man konnte uns nachts um drei Uhr wecken und nach den ungewöhnlichsten Vorfahrtsregeln fragen – die richtige Antwort kam wie aus der Pistole geschossen. Bremswege, Fahrzeugdaten, Geschwindigkeitsbegrenzungen – nichts war uns fremd. Wir hatten das Ziel vor Augen, dass wir mit 18 unseren Führerschein besitzen wollten.

Der ersehnte „Lappen"

Die Fahrschullehrer konnten sich seinerzeit nicht über Zulauf beklagen. Anders als heute waren die Anforderungen bei der Führerscheinprüfung auch nicht so hoch, sodass – von den Prüfungsängsten abgesehen – eine gute Chance bestand, den ersehnten „Lappen" tatsächlich bald in den eigenen Händen zu halten. Während man den theoretischen Teil aufgrund seines ungewohnt fleißigen Lerneinsatzes fast immer bestand, benötigte man bei der praktischen Fahrprüfung ein bisschen Glück. Unverhofft auftauchende Straßenbahnen oder Trecker, Fahrradfahrer, die plötzlich von rechts kamen oder eine zu kurze Parklücke beim Rückwärtseinparken, konnten einem schnell einen Strich durch die Rechnung machen. Doch wenn alles glatt ging, freuten wir uns wie ein Schneekönig.

Der zweite Schritt nach dem Bestehen der Führerscheinprüfung bestand darin, sich – möglichst kostengünstig – einen fahrbaren Untersatz zu besorgen. Meist hatten wir dazu ein Budget von 500 bis 1000 Mark zur Verfügung – nicht eben üppig. Die „Rostlauben" wiesen eine entsprechende Qualität auf. Doch das tat unserer Begeisterung keinen Abbruch. Wir schluckten zwar heftig, als

Kein Wunder, dass wir unbedingt ein Auto haben mussten!

uns im Anschluss an den Gebrauchtwagenkauf die Kosten für die Ummeldung, die Versicherung und eine Tankfüllung gewahr wurden. Hier mussten notgedrungen wieder die Eltern einspringen.

Auf in die Welt!

Die ersten Ausflugsfahrten führten am Wochenende zu den Freunden und den bekannten Stätten. Doch schon bald erweiterten wir unseren Fahrradius: die Nachbarstadt, der entferntere See, die jahrelang schon nicht mehr besuchten Familienmitglieder 2. und 3. Grades – all das sah unseren einmalig klapprigen, fahrbaren Untersatz heranjuckeln. Der Weg war das Ziel. Dabei störte es uns nicht, dass die mit einer mickrigen 12-Volt-Batterie gespeisten Scheinwerfer nur einen Funzel-Lichtkreis zustande brachten und dass die Scheibenwischer Schlieren und Streifen hinterließen.

Trotz widriger Begleitumstände und zahlreicher Umwege kamen wir stets an das gewünschte Ziel. Am Ausflugsziel angekommen, fehlte uns meist das nötige Kleingeld – oder die nicht umgetauschte Landeswährung – um Essen und Getränke zu kaufen. Wir behalfen uns mit Wasserhähnen aus Restaurant- oder Tankstellentoiletten und auf der unaufgeräumten Sitzbank in unserem Auto fand sich eigentlich immer ein Brotrest oder ein angebissener Apfel. Wir kamen jetzt richtig rum: Hamburg, Berlin, der Ruhrpott, die Mittelgebirge, München, Dänemark, Holland – insbesondere Amsterdam – Österreich und die Schweiz. Unser Auto – oder das unserer Freunde – hielt tapfer durch.

Eine Simson AWO 425 S als „Heißer Stuhl".

Die Motorradfahrer unter uns legten ähnlich lange Strecken zurück, wobei sie wegen der Kurvenlagen bergige Strecken bevorzugten. Mit ihren „heißen Öfen" und ihrer Lederkleidung machten sie eine Menge Eindruck. So eroberten wir uns in vielerlei Bereichen neue Räume. Wir lernten neue Städte und neue Menschen kennen, sammelten Berufs- und Lebenserfahrung, fuhren Hunderte von Kilometern für ein Konzert unserer Lieblingsband und brachten idiotische Souvenirs von unseren Fahrten mit: Steine von der Zugspitze, Rheinwasser in der Fantadose, einen Bierdeckel aus einer Reeperbahnkneipe oder Blumen aus den Parkanlagen von Sanssouci. Wer ein bisschen weiter gedacht hatte, nahm seinen Fotoapparat mit.

Die Bildunterschriften in den Fotoalben unter den verwackelten Schnappschüssen lauteten: „Eifelturm im Nebel", „Sonnenuntergang am Ostseestrand in Travemünde", „Ausgelassene Meute auf Münchener Oktoberfest, 1978". Und „Wir im Wald von Sherwood Forest".

Endlich erwachsen

Unsere Jugendzeit endete offiziell mit einer ausgiebigen Feier unseres 18. Geburtstages. Es war der am längsten herbeigesehnte Geburtstag, verschaffte er uns doch den endgültigen Zutritt in die Erwachsenenwelt. Das Zurückweisen an der Kinokasse, der verbotene Kauf von Spirituosen, die erzwungene Geduld beim Erwerb des Führerscheines – all das gehörte der Vergangenheit an. Jetzt durften wir wählen gehen, Auto fahren, Geschäfte rechtsverbindlich abschließen, eigenhändig unterschreiben und Geld zum Fenster hinauswerfen – so wir es denn hatten. Der 18. Geburtstag war einer der aufregendsten Tage unseres Lebens. Doch nutzten wir unsere neu gewonnenen Freiheiten wirklich?

Wenn wir heute auf unsere Kindheit und Jugend zurückblicken, erinnern wir uns gerne an diese Lebensabschnitte zurück. Wir durften noch ohne Leistungsdruck spielen, wir hatten noch Spielflächen ohne parkende Autos, wir mussten nicht dreimal in der Woche zum Verein, zur Musikschule und zur Nachhilfe. Wir wurden nicht mit Fernsehprogrammen „ruhiggestellt" und zu Weihnachten oder zum Geburtstag mit Geschenken überhäuft.

Wenn wir das Fotoalbum aus jenen Jahren aus der Hand legen, fällt uns vieles wieder ein: Der Duft des Heus im Ferienlager, die Farbe des Waldbodens beim Beerensammeln, der Schimmer des Kerzenlichts am Weihnachtsbaum, das Brummgeräusch des Teddybären, der Sprung in der Langspielplatte unseres Lieblingshits und das Schmetterlingsgefühl beim ersten Rendezvous. Mit 18 Jahren gerade erwachsen geworden, war eines für uns absolut sicher: Auch in der Zukunft würden wir Träume haben und unser Leben leben.

Diese Prominenten wurden mit uns 18 Jahre alt

7. März Ivan Lendl, tschechisch-amerikanischer Profi-Tennisspieler

21. März Ayrton Senna, brasilianischer Formel-1-Weltmeister

24. März Nena, bürgerlicher Name Gabriele Susanne Kerner, deutsche Popsängerin

13. April Rudi Völler, deutscher Fußballspieler und Ex-Teamchef der Nationalmannschaft

15. April Philippe, Kronprinz von Belgien

10. Mai Bono, bürgerlicher Name Paul David Hewson, Sänger der irischen Rockband U2

10. Aug. Antonio Banderas, spanischer Schauspieler

28. Sept. Jenniger Rush US-amerikanische Sängerin

24. Okt. Christoph Schlingensief, deutscher Film- und Theaterregisseur, Hörspielautor und Aktionskünstler

30. Okt. Diego Armando Maradona, argentinischer Weltklassefußballer

10. Dez. Kenneth Charles Branagh, Schauspieler